成功する効果的な新習慣ブック

富を築くために習慣を変えよう

エモーショナル・インテリジェンス

減量ガイド

ブライアン・マホーニー

目次

免責事項

本書に掲載されている情報は、教育および情報提供のみを目的としています。提供される戦略やアドバイスは、広く認識されている自己啓発、健康、金融、感情的知性の原則に基づいていますが、専門的な医学的、金融的、心理学的アドバイスとして機能することを意図したものではありません。

食生活、運動習慣、財務慣行を大幅に変更する前に、医師、ファイナンシャル・アドバイザー、セラピストなど、免許を持つ専門家に相談し、個々の状況に適した対策を講じることを強くお勧めします。

著者および出版社は、本書で提供された情報を実行した結果、いかなる怪我、金銭的損失、精神的苦痛が生じたとしても、一切の責任を負いません。本書の内容に基づいて取る行動は、すべて自己責任で行ってください。

本書に掲載されている情報の正確さには万全を期していますが、著者および出版社は、あなたが経験するかもしれない結果について保証するものではありません。最終的に成功するかどうかは、あなた個人のコミットメント、状況、そして論じられた戦略を一貫して適用するかどうかによって決まります。

本書を利用することにより、あなたはこれらの条件を認め、同意するものとします。

はじめに
習慣の力

習慣は私たちの日常生活の構成要素である。目覚めてから寝るまで、あなたの行動の多くは、意識的な決断ではなく、自動的なルーチンによって動かされている。こうした習慣は、あなたを成功へと導くこともあれば、挫折や自信喪失、機会損失のサイクルから抜け出させないこともある。

本書は、習慣の持つ変容力を利用し、自分のためにならない習慣を逆転させ、より健康な体、より豊かな未来、より強い感情的知性につながる習慣に置き換えることを目的としている。習慣の科学を理解し、実践的な戦略を適用することで、人生の軌道を根本から変えることができる。

1.あなたの人生を形作る見えない力

習慣は自動操縦システムのように機能し、常に考えたり努力したりすることなく、あなたの行動を導く。それは効率的で、考えすぎることなくタスクを実行できるため、精神的エネルギーを節約できる。しかし、悪い習慣が根付くと、この効率性が仇となることもある。

習慣の力の例：

ポジティブな習慣：歯を磨く、定期的に運動する、予算を守る。

ネガティブな習慣：無頓着な間食、先延ばし、使いすぎ。

あなたの習慣は、あなたの日常生活を形作るだけではなく、あなたの健康、経済、人間関係、そして感情的な幸福に現れる結果を決定する。

重要な洞察

小さな習慣を一貫して繰り返すことで、時間の経過とともに複合的な効果が生まれる。今日の一見些細な行動が、数カ月後、数年後に大きな結果をもたらすこともある。

リフレクション・タスク

良い習慣であれ悪い習慣であれ、あなたの人生に大きな影響を与えた習慣を１つ挙げてください。その習慣が、現在のあなたをどのように形成してきたかを書き出してください。

2.なぜ私たちは悪い習慣を断ち切るのに苦労するのか

習慣は脳に深く刻み込まれているからだ。習慣は脳に深く刻み込まれているからだ。合図、習慣、報酬のサイクルが強力なループを形成し、それを断ち切るのは難しくなる。

習慣のループ

キュー：習慣を始めるきっかけ。

日課：合図に反応してとる行動。

報酬：行動を強化する利益や安心感。

悪い習慣は、たとえ長期的な結果が有害であったとしても、目先の報酬に煽られることが多い。例えば

食べ過ぎはすぐに快適さをもたらすが、体重増加につながる。

衝動買いは一時的な興奮をもたらすが、家計に悪影響を及ぼす。

対立に感情的に反応することはカタルシスを感じるが、人間関係を損なう。

リフレクション・タスク

あなたが苦しんでいる悪い習慣を思い浮かべてください。その手がかり、日課、ご褒美を特定する。

3.変革の可能性

良い知らせは、習慣は定石ではないということだ。習慣はパターンであり、正しいアプローチによってパターンを変えることができる。習慣の仕組みを理解し、意識的に習慣を置き換えることを学べば、破壊的なサイクルを力強いサイクルに変えることができる。

これを考えてみよう：

　ストレスが溜まったらジャンクフードに手を伸ばすのではなく、散歩に出かけたり、深呼吸の練習をするように自分を訓練するのだ。

　ファイナンシャル・プランニングを避ける代わりに、毎日出費を記録する習慣を確立することができる。

　感情的になったときに衝動的に反応するのではなく、一歩立ち止まって思慮深い反応を選ぶことを学べばいい。

ゴールは習慣をなくすことではなく、より良い習慣を築くことだ。そうすることで、自分の行動をコントロールできるようになり、願望に沿った人生を創造することができる。

アクション・ステップ

あなたが元に戻したい悪い習慣を１つ書き出し、それに代わるより健康的な習慣をブレインストーミングする。

4.この本が重要な理由

本書は、変身への道しるべである。悪い習慣を断ち切るだけでなく、自分の人生を意図的に形成する力を取り戻すことなのだ。あなたの目標がダイエットであれ、経済的な安定を得ることであれ、人間関係を強化することであれ、本書の戦略はあなたに次のような力を与えてくれるだろう：

足かせとなっている習慣を特定する。

彼らを駆り立てる根本的な誘因と報酬を理解する。

破壊的なパターンを、前向きで持続可能な行動に置き換える。

何を学ぶか

習慣の心理学と科学。

あなたの行動を再ワイヤリングするための実践的なテクニック。

説明責任を果たし、進歩を祝うシステムを構築する方法。

このプロセスを通じて、目標を達成するだけでなく、目的、規律、充実感のある人生を築くための自分の可能性を発見することができる。

5.あなたの旅はここから始まる

悪い習慣を断ち切り、より良い習慣を築くことは旅であり、一朝一夕に解決できるものではない。それには、コミットメント、自己認識、回復力が必要だ。しかし、その見返りは人生を変えるものだ。次のような自分を想像してみてほしい：

健康をサポートする選択をしていることを知り、活力と自信に満ちた目覚めを迎える。

家計をコントロールできていると感じ、経済的な将来に胸を躍らせる。

共感性、忍耐力、感情的知性をもって人間関係をうまく操る。

この変革は可能であり、それは一度に小さな一歩から始まる。

最終タスク：

この旅の意図を設定する。本書の戦略を通じて、あなたの人生の中で改善することを約束する具体的な分野を１つ書き出してください。

習慣の力についての閉会の辞

習慣は単なる行動ではなく、あなたがどんな人間であり、どんな人間になっていくかを表現するものだ。習慣を管理することで、自分の運命を管理することができる。本書は、悪い習慣を正し、より健康で、より裕福で、感情的に知的な自分の姿を引き出すためのロードマップとなる。

始めよう。

第１章
人はなぜ悪い習慣を作るのか

悪い習慣を理解し、対処するための指導者用ガイド

ようこそ！あなたがここに来たのは、いくつかの習慣があなたの足かせになっていることに気づいたからです。なぜなら、「なぜ」を知ることで、習慣を変えるためのツールが得られるからです。

1.習慣とは何か？

習慣とは、エネルギーを節約するために脳がプログラムした自動的な行動である。歯磨きや靴紐の結び方を思い浮かべてほしい。それが習慣の良いところだ。

問題なのは、何時間もソーシャル・メディアをスクロールしたり、ストレスを感じると過食したりするような、習慣が自分にとって不利になる場合だ。これらは、ある時点で、一時的にせよ、気分が良くなったり、問題が解決したりしたために、脳が学習したパターンである。

2.習慣ループを理解する

悪い習慣を直すには、まずその仕組みを理解しなければならない。すべての習慣には３つの部分がある：

キュー（きっかけ）：あなたの習慣を動かすきっかけとなるもの。感情であったり、時間帯であったり、匂いであったりする。

例仕事が退屈だと感じている。

ルーティン（行動）：合図に反応してとる行動。

例おやつにポテトチップスを手に取る。

報酬：たとえ短期間であっても、行動を強化する報酬である。

例ポテトチップスを食べて、束の間の喜びを感じる。

あなたの仕事

あなたが変えたいと思う悪い習慣を１つ思い浮かべてください。書き出してみましょう：

それを誘発する合図。

あなたのルーティン。

得られる報酬

3.悪い習慣はなぜ定着するのか？

悪い習慣が定着するのは、その習慣があなたの欲するものを与えてくれるからだ。それを分解してみよう：

ストレスを感じ（合図）、リラックスするためにテレビを見まくる（ルーティン）（報酬）。

問題は？その「ご褒美」は一時的なもので、根本的な問題、つまりあなたのストレスには対処していない。

また、悪い習慣は、それが簡単にできる環境でも育つ。考えてみてください。ジャンクフードがいつも家の中にあれば、それを避けるのは難しくなります。あるいは、スマホが手の届くところにあれば、スクロールは自動的に行われるようになる。

あなたの仕事

一日かけて自分を観察してみよう。考えなくても起こる習慣は何か？何がそれを誘発するのか？できる限り書き出してみよう。

4.悪い習慣を強化していませんか？

私たちは知らず知らずのうちに、悪い習慣を強化していることがある。例えば

　私はいつもダイエットに失敗する」と自分に言い聞かせると、脳は挑戦するのをやめる口実を与えてしまう。

　私は夜型だから」などという言葉を使うと、生産的な朝の習慣を築くことができなくなる。

真実はこうだ：あなたが自分に言い聞かせるストーリーが、あなたの習慣を形作る。自分を変えられない人間だと思えば、習慣にもそれが反映される。

あなたの仕事

自分につけたレッテル（「私はお金の使い方が下手だ」など）を書き出す。それらに挑戦する：「本当にそうなのか、それとも単なる考え方の癖なのか？

5.悪い習慣の隠れたコスト

悪い習慣は迷惑なだけでなく、代償を伴う。

　健康運動を先延ばしにしたり、食生活を乱したりすると、体に影響が出る。

　富：使いすぎや貯蓄の失敗は、経済的安定を損なう。

　感情：反省する代わりに反応することは、人間関係や自尊心を傷つける可能性がある。

自分自身に問いかけてみてほしい：

　この習慣が、私をどのように妨げているのだろうか？

　それをもっと良いものに置き換えたら、私の人生はどうなるだろう？

あなたの仕事

悪い習慣が、健康、富、感情といった各分野で、どのようにあなたを犠牲にしているかを１つずつ書き出す。自分に正直になりましょう。

6.小さなことから始めよう：変化への第一歩

悪い習慣を変えるには、一度にすべてを直す必要はない。まずは一つの習慣とそのきっかけを理解することから始めよう。当面は、自覚することに集中しよう。

　日記をつける：１週間、悪い習慣が起きたとき、そのきっかけとなったこと、その後どう感じたかを書き留めておく。

　なぜ？深く掘り下げる。なぜその習慣に走るのか？どんな欲求を満たそうとしているのか？

覚えておいてほしいのは、悪い習慣は多くの場合、満たされていない欲求の解決策にすぎないということだ。ニーズを理解すれば、それを満たすより健康的な方法を見つけることができる。

第２章

悪い習慣のサイクルを断ち切る

お帰りなさい！さて、あなたは最初の一歩を踏み出しました。自分の悪い習慣の背後にある理由を理解することです。よくやった。では、ギアをシフトチェンジして、どうすれば悪習慣のサイクルから抜け出し、持続的な変化を生み出すことができるのかについてお話ししましょう。この章では、シンプルで、実践的で、効果的な戦略についてお話します。

1.気づきの力を認識する

習慣を断ち切るための第一歩は、その習慣に光を当てることだ。悪い習慣の多くは暗闇の中で育つ。

想像してみてほしい：あなたはキッチンに入り、何も考えずにスナックを手に取る。なぜか？習慣だからだ。でも、ちょっと立ち止まって、"私は本当にお腹が空いているのだろうか？"と自問してみたらどうだろう。その瞬間の気づきこそが、変化の始まりなのだ。

あなたの仕事

次の１週間は、このシンプルな習慣を中断するテクニックを使おう：

悪い習慣に手を染めそうになったら、いったん立ち止まる。

自分自身に問いかけてみてほしい：

私は今、何を感じているのだろう？

なぜ私はこんなことをしようとしているのか？

もっと健全な対処法はないのか？

2.取り外さずに交換する

ここに真実がある。習慣を「断ち切る」のは難しいが、置き換えることはできる。脳は空白を嫌う。悪い習慣を止めようとするとき、その習慣の代わりに何か他のものを入れなければ、元に戻ってしまう可能性が高くなる。

例

昔からの習慣：毎日午後に甘い炭酸飲料を飲む。

代わりの習慣：炭酸水やハーブティーを飲む。

飲みたいという欲求を満たしつつも、より健康的な選択をしていることに気づく。

あなたの仕事

今週取り組みたい悪い習慣を１つ選びましょう。書き出してみましょう：

置き換えたい習慣

同じニーズを満たす前向きな代替案。

１週間、その代わりの練習をすることを約束する。

3.環境をコントロールする

多くの習慣は周囲の環境に影響される。もしあなたの環境が悪習慣をサポートしているとしたら、それは上流に向かって泳ごうとしているようなものだ。環境を変えれば、行動を変えやすくなる。

例を挙げよう：

問題：ジャンクフードを食べ過ぎている。

解決策ジャンクフードを家から追い出し、ヘルシーなスナックを買い込む。

問題：テレビを見て先延ばしにしている。

解決策リモコンは引き出しにしまい、代わりに本や仕事の資料をソファに置く。

あなたの仕事

あなたの環境に結びついた習慣をひとつ選びましょう。そして

周囲にあるきっかけを特定する。

その習慣をやりにくくするために、環境のその部分を変える。

4.小さな勝利の力を使う

大々的な変革は、圧倒されるために失敗することが多い。それよりも、時間をかけて勢いを増すような、管理可能な小さな勝利を目指そう。

例

毎日 1 時間ワークアウトする」と言うのではなく、まずは 5 分から始めてみよう。

画面の使用時間を減らしたいなら、1 日 10 分減らすことから始めよう。

重要なのは一貫性だ。小さな勝利が大きな変化につながる。

あなたの仕事

今日取り組める「小さな勝利」を１つ見つけよう。あなたを正しい方向に向かわせる小さな行動は何か？それを書き出して、１週間毎日実行することを約束しよう。

5.軌道に乗るために説明責任を果たす

習慣を変えるのは一人では難しい。誰かに責任を負ってもらうことで、大きな違いが生まれます。

説明責任ツールの例：

　バディ・システム：あなたの進捗状況をチェックしてくれる友人や家族を見つける。

　公約：自分の目標を他人と共有する。

　進歩を追跡する：習慣追跡アプリやシンプルなカレンダーを使って、目標を達成した日に印をつける。

あなたの仕事

自分に合った説明責任を果たす方法を選ぶ。それを書き留めて、今日から設定しましょう。

6.セルフ・コンパッションの実践

習慣を断ち切るのは一筋縄ではいかない。挫折もあるだろうし、それでいいのだ。ゴールは完璧ではなく、進歩なのだ。

失敗したときは、自分を責めないこと。その代わりに、こう問うのだ：

何が引き金になったのか？

次回に向けて、どのような準備をすればいいのだろうか？

友人にするのと同じ優しさで自分に接する。

あなたの仕事

自分が滑ったときに使えるセルフ・コンパッション・ステートメントを書く。例

「挫折があってもいい。私は日々学び、向上しているのだから"

7.行動でサイクルを断ち切る

悪習慣を断ち切るために必要なステップをまとめました：

それを認識する：その習慣を自覚する。

置き換える：より健康的な代替品を選ぶ。

環境を再構築する：誘因や誘惑を取り除く。

小さく始める：一貫性のある、管理可能な行動に集中する。

説明責任を果たす：サポートを受け、進捗状況を把握する。

自分に優しく：挫折から学び、前進し続ける。

次の章では、悪い習慣の隠れたコストと、それがあなたの健康、富、感情的な幸福にどのような影響を与えるかについて、さらに深く掘り下げていきます。今は、これらの戦略を観察し、置き換え、実践することに集中しよう。

変化とはプロセスであり、あなたは素晴らしいことをやっている！

第 3 章
変わらないことの代償

第３章へようこそ！ここまでは、習慣がなぜ形成されるのか、そしてそのサイクルを断ち切るにはどうすればいいのかについて述べてきた。しかし、少し立ち止まって自問してみよう：もし変わらなかったらどうなるだろう？

悪い習慣から抜け出せないでいることの本当の代償を理解してもらうためだ。自分がどれだけのものを失うことになるのかがわかれば、より良い未来を切り開く意欲がさらに湧いてくるはずだ。

1.悪い習慣がもたらす健康被害

悪い習慣は、時間とともに体に負担をかける。そのダメージはすぐには現れないかもしれないが、数カ月、数年という時間をかけて、その結果は積み重なっていく。

一般的な医療費：

　貧しい食生活の選択：体重増加、心臓病、糖尿病、疲労の原因となる。

　運動不足：筋肉が衰え、スタミナが低下し、慢性疾患の原因となる。

　ストレスと睡眠不足：免疫力を低下させ、血圧を上昇させ、精神的に疲弊させる。

リアリティ・チェック

５年後、１０年後、２０年後を想像してみてください。これらの習慣は、あなたの身体の健康にどのような影響を与えるでしょうか？人生を楽しんだり、旅行したり、子どもや孫と遊んだりするエネルギーはありますか？

あなたの仕事

現在、あなたがしている健康上の悪い習慣を１つ書いてください。次に、その習慣を今後 10 年間続けた場合、あなたにどのような影響があるか、簡単に書いてください。

2.悪い習慣がもたらす経済的コスト

悪い習慣は、あなたの財布を静かに消耗させます。日々の出費や衝動的な支出について考えてみてください。

財務コストの例：

毎日のコーヒー・ランやテイクアウト：１日５ドルでは少ないように思えるかもしれないが、１年では 2,000 ドル近くになる。

衝動買い：使わない洋服やガジェット、定期購読などは、あっという間に増えてしまいます。

チャンスを逃す：貯蓄や投資の代わりに支出することは、経済的成長を制限する。

リアリティ・チェック

支出の一部でも貯蓄や投資に振り向ければ、あなたの家計がどうなっているか想像してみてほしい。

あなたの仕事

最近の支出を見直す。削減できそうな習慣や支出を１つ特定する。その習慣を１つ変えることで、１ヵ月後と１年後にいくら節約できるかを書き出す。

3.悪い習慣がもたらす精神的コスト

悪い習慣は体や預金に影響を与えるだけでなく、心にも重くのしかかる。

感情的なコスト：

自尊心の低下：変化への失敗を繰り返すと、敗北感や行き詰まりを感じるようになる。

人間関係の悪化：愛する人をないがしろにしたり、コミュニケーション不足に陥ったり、反応的になったりすることで、人脈にひずみが生じる。

精神的過負荷：先延ばしややり残した仕事によるストレスで、気持ちが押しつぶされそうになることがある。

リアリティ・チェック

悪い習慣をひとつでも、健康的で気分を高揚させる習慣に置き換えたら、あなたの感情生活はどうなるだろうか？もっと自信が持てるようになったり、ストレスが軽減されたり、大切な人たちとの距離が縮まったりするでしょうか？

あなたの仕事

あなたの感情や人間関係に悪影響を与える悪い習慣を１つ考えてください。それを克服した場合、あなたの人生が感情的にどのように改善されるかを書き出してください。

4.機会費用：あなたは何を見逃しているのか？

あらゆる悪い習慣は、もっと有意義なことに費やせるはずの時間とエネルギーを奪う。考えてみよう：

時間だ：先延ばしにしたり、夢中になって見たり、無心でスクロールしたりする時間は、新しいスキルを学んだり、人間関係を築いたり、夢に取り組んだりするために使うことができる。

エネルギー：悪い習慣は精神的、肉体的エネルギーを消耗させ、目標を追求するのに疲れ切ってしまう。

リアリティ・チェック

自分に問いかけてみよう：もし１日１時間だけ、悪い習慣から解放されたら、何を達成できるだろうか？

あなたの仕事

これまで先延ばしにしてきた大きな目標を１つ書き出してみよう。時間を浪費する習慣を１つ減らすことで、毎週どれだけの時間を節約できるか計算してみよう。

5.後悔の代償

後悔は人生で最も重い重荷のひとつだ。何年か後に振り返って、もっと違う選択をしていればと後悔することを想像してみてほしい。いい知らせがある。あなたはここにいて、変わる力を持っている。

リアリティ・チェック

未来の自分について考えてみよう。今のあなたが変えるべき習慣について、彼らはどんなアドバイスをしてくれるだろうか？

あなたの仕事

未来の自分」から「今の自分」に手紙を書き、悪い習慣を断ち始めたら生活がどう改善されたかを説明する。

6.意識を行動に移す

今までに、悪い習慣があなたの健康、富、感情にどのような影響を与えているかを振り返ってきたことだろう。その気づきをモチベーションにつなげよう：

なぜ変わりたいのか、その理由を書いてください。例

"疲れないで孫と遊べるように、元気になって自分の体に自信を持ちたい"

「楽をして引退し、家族を養うために富を築きたい。

最終的な感想

その代償は、待てば待つほど大きくなる。しかし、ここに朗報がある。今日あなたが踏み出す一歩一歩が、どんなに小さなことでも、その代償を減らし、あなたが望む人生に近づいていくのだ。

次の章では、具体的な悪習慣を元に戻す方法を、まず身体の健康から探っていく。今は、何が問題なのかに集中し、それを変化の燃料にしよう。あなたは素晴らしい仕事をしています！

第４章
食習慣の見直し

食べ物は、あなたの身体の健康、エネルギー、そして全体的な幸福に最も強い影響を与えるもののひとつです。しかし、食習慣を変えるのは最も難しいことでもある。なぜか？なぜなら、食べ物は私たちの感情や日常生活、さらには社会生活と結びついているからです。この章では、窮屈な思いをしたり、気負ったりすることなく、食習慣を自分の健康目標に沿ったものに変える方法を探ります。

1.私たちはなぜ食生活に悩むのか？

食習慣はしばしば影響を受ける：

感情：ストレス、退屈、悲しみが感情的な食事を引き起こすことがある。

利便性：ファストフードや加工スナック菓子は手軽だが、不健康な場合が多い。

環境：栄養価の高いものよりも、不健康なものの方が手に入りやすいかもしれない。

学習された行動：皿に盛られたものをすべて食べきったり、食べ物をご褒美として使ったりするなど、多くの食のパターンは子どもの頃から生じている。

食習慣を変える鍵は、こうしたパターンを認識し、それを中断する方法を学ぶことだ。

2.認識から始める

フードダイアリーのエクササイズ：

食習慣を変える前に、それを理解する必要がある。週間、食事日記をつけましょう。書いてみましょう：

何を食べるか（おやつも含めてすべて）。

いつ食べるか（時間帯）。

食べる理由（空腹、ストレス、退屈、お祝いなど）。

終わった後の気分（満足感、罪悪感、活力など）。

なぜこれが有効なのか：

このエクササイズは、空腹ではなく習慣で食べてしまったり、ストレスを感じたときに不健康なものを選んでしまったりといったパターンを明らかにする。自覚は変化への第一歩である。

3.感情的な摂食サイクルを断ち切る

感情的な食事は、多くの場合、ストレス、退屈、悲しみなどの引き金から始まる。重要なのは、その行動をより健康的なものに置き換えることです。

感情的摂食を断ち切るためのステップ：

きっかけを特定する：一旦立ち止まり、"私は本当に空腹なのか、それとも感情的なものなのか？"と問う。

サイクルを中断する：散歩、日記を書く、友人に電話するなど、別の活動を選ぶ。

マインドフル・イーティングを実践する：食べるときは、味、食感、食べ物の楽しさに集中する。これにより、食べ過ぎを減らし、少ない量で満足感を得ることができる。

4.意図的に食事を計画する

健康的な食事は計画から始まる。栄養価の高い選択肢がすぐに手に入れば、より良い選択がしやすくなる。

計画を成功させるためのステップ

食事の準備：健康的な食事や軽食を準備する時間を毎週確保する。

キッチンにストックを置く：果物、野菜、全粒穀物、赤身のタンパク質など、栄養価の高い食品を常備しましょう。

スナックをあらかじめ小分けにする：袋から出してそのまま食べるのではなく、スナック菓子を１回分に分けて食べ過ぎを防ぐ。

食事の時間を決める：無意識に食べ過ぎてしまうのを防ぐため、決まった時間に食事をする。

あなたの仕事

1 日の食事と間食を計画する。それを書き出し、実行することを約束する。

5.環境をコントロールする

周囲の環境は食生活に大きな影響を与える。ジャンクフードが手の届くところにあれば、我慢するのは難しくなる。

健康的な食事環境を作るためのステップ：

見えないところ、気にならないところ：不健康なスナック菓子は見えないところや家の外に置く。

視覚的な手がかり：果物やナッツなどのヘルシーなメニューをカウンターに並べる。

小皿を使う：小皿を使って量をコントロールし、食べ過ぎを防ぐ。

気が散らない食事：スクリーンの前での食事は避ける。

あなたの仕事

健康的な食生活をサポートするために、今日から環境をひとつ変えましょう。

6.一歩ずつ、より良い習慣を身につける

食習慣を変えるといっても、一夜にして食生活全体を見直す必要はない。管理しやすい小さなステップに集中しましょう。

小さな勝利の例

炭酸飲料を水やお茶に変える。

夕食に野菜を一皿加える。

精製された炭水化物ではなく、全粒穀物を選ぶ。

外食の代わりにお弁当を作る。

あなたの仕事

食習慣の小さな変化を１つ選ぶ。別の変化を加える前に、１週間は一貫してそれを実践する。

7.ご褒美」と「ご褒美」の再定義

食べ物はご褒美として使われることが多いが、これは不健康な習慣を強めることになりかねない。代わりに、食べ物以外で自分を祝ったり慰めたりする方法を見つけましょう。

食品以外の報酬の例：

リラックスできるお風呂。

新しい本や服を買う。

趣味を楽しむ時間を取る。

あなたの仕事

進歩を祝うために、食べ物以外のご褒美を３つ書き出す。

8.完璧ではなくバランスを

健康的な食事とは完璧を目指すものではなく、バランスが大切なのだ。たまには好きな食べ物を楽しんでもいい。大切なのは中庸だ。

バランスのためのヒント

80/20 ルールに従う：80％は栄養価の高いものを食べ、残りの20％は嗜好品を楽しむ。

ポーションコントロールを実践する：食べ過ぎずにデザートを楽しむ。

自分を許す：一度の失敗で、あなたの進歩が台無しになることはありません。次の食事で軌道修正しましょう。

9.長期的なメリット

食習慣を見直せば、体重計の数値以上の変化に気づくはずだ：

エネルギーと集中力を高める。

気分が良くなり、情緒が安定する。

消化を改善し、健康全般を改善する。

より強くなり、自信を持ち、食べ物との関係をコントロールできるようになることを想像してみてください。それが、このような変化をもたらす報酬なのだ。

最終的な感想

食習慣の再構築はスプリントではなく、旅である。小さなことから始め、一貫性を保ち、途中のすべての勝利を祝う。食べるものを変えるだけでなく、健康と人生を変えるのだということを忘れないでください。

次の章では、もうひとつの重要な分野である、悪いお金の習慣を断ち切って富を築く方法に取り組む。今は、思慮深く、意図的に食べ物を選ぶことに集中しよう。あなたにはこれがある！

第 5 章
ライフスタイルとしてのムーブメント

お帰りなさい！食習慣についてお話してきましたが、今度はウェルビーイングのもうひとつの要である「運動」に焦点を移しましょう。運動とは、ただジムに通うことではありません。自然で持続可能だと感じられる方法で、日常生活に身体活動を取り入れることなのです。

この章では、運動に対する考え方を見直し、自分が楽しめる活動を見つけ、より健康的で活力に満ちた自分をサポートするライフスタイルを身につけるためのステップを紹介する。

1.なぜムーブメントが重要なのか

体を動かすことは、カロリーを消費したり筋肉をつけたりするだけでなく、数え切れないほど多くの方法で人生に影響を与えます。なぜ運動が不可欠なのか、少し考えてみよう：

　エネルギーを高める：定期的な運動は血流と細胞への酸素を増やし、注意力と集中力を維持する。

　メンタルヘルスをサポートする：運動はエンドルフィンを分泌する。エンドルフィンはストレス、不安、うつを軽減する「快感」物質である。

　身体の健康増進：運動は心臓、骨、筋肉を強化し、慢性疾患のリスクも減らす。

　寿命を延ばす：活動的な人は健康で長生きする可能性が高い。

2.運動に対する考え方を変える

エクササイズ」から「ムーブメント」へ

多くの人が、運動は面倒なもの、あるいは食べ過ぎの罰だと考えている。その考え方を変えましょう。運動はチェックするための作業ではなく、自分の体の能力を称え、健康に投資するための方法なのだ。

ゴール：引っ越しに喜びを見出す

運動をライフスタイルにする鍵は、純粋に楽しめる活動を見つけることだ。運動といってもジムでのワークアウトである必要はなく、ダンス、ガーデニング、ウォーキング、スポーツなどでもいい。

あなたの仕事

5 分間、考える時間を取る：

現在、どのような運動を楽しんでいますか？

あなたがやってみたいと思った新しいアクティビティは何ですか？

3.小さく始めて、一貫性を築く

結果を出すためにマラソンを走ったり、何時間も運動したりする必要はない。目標は強度よりも一貫性だ。

小さな勝利のためのアイデア

食後に 10 分間の散歩をする。

朝か夕方に 5 分間ストレッチをする。

エレベーターの代わりに階段を使う。

遠くの駐車場に停めて、1 日の歩数を増やす。

あなたの仕事

1 週間の小さな運動目標を 1 つ決める。例

"毎日夕食後に 15 分歩く"

"毎朝、歯を磨く前にスクワットを 10 回する"

4. 日課に運動を取り入れる

ムーブメントをライフスタイルにするためには、毎日のスケジュールにシームレスに組み込む必要がある。

ムーブメントを統合するためのヒント：

積極的な通勤：可能であれば徒歩や自転車で通勤する。車の場合は、入り口から離れた場所に駐車する。

仕事の休憩：30 分ごとに立ち上がってストレッチをする。スタンディングデスクやウォーキングミーティングを検討する。

社交活動：テレビを見るような）座りっぱなしのたまり場を、ハイキングやスポーツなどアクティブなものに変える。

家族の時間：家族の時間を、自転車に乗ったり、公園を訪れたり、リビングルームでダンス対決をしたりするアクティブな時間に変える。

あなたの仕事

日課の中で、動きを加えることができる部分を１つ特定する。それを書き出し、次の３日間試してみることを約束する。

5.機能的な動きを重視する

ファンクショナル・ムーブメントは、実生活での活動を模倣し、日常的な作業に必要な筋力、柔軟性、バランス感覚を養います。このアプローチは、運動が初めての方や、ケガを予防したい方には特に効果的です。

機能的な動きの例：

スクワット：座ったり立ったりすることを真似して、脚と体幹を鍛える。

腕立て伏せ：持ち上げたり運んだりするための上半身の筋力をつける。

ウォーキング・ランジバランスと脚力の向上。

プランク：体幹を鍛え、姿勢と安定性を高める。

あなたの仕事

機能的な動きを１つ選び、今週は毎日 1～2 分間練習しよう。

6.移動の障壁を乗り越える

誰もがアクティブな生活を送る上で障害に直面する。よくある障害をいくつか挙げてみよう：

一般的な障壁と解決策：

「時間がないんだ

解決策短い時間に区切る。たとえ 5 分の活動でも、1 日のうちに積み重なります。

"運動は楽しくない"

解決策好きなことが見つかるまで、いろいろな運動を試してみよう。運動は罰ではなく、ご褒美のように感じるべきだ。

「疲れているんだ

解決策小さなことから始めよう。体を動かすと、エネルギーが枯渇する代わりに、エネルギーレベルが上がることがよくある。

あなたの仕事

活動的であり続けるための最大の障壁を書き出してください。そして、今週実行できる現実的な解決策を１つブレインストーミングで考えてみましょう。

7.ソーシャルにする

運動は一人でするものではありません。実際、社会的な運動はより楽しく、やる気を起こさせるものだ。

社会運動のためのアイデア：

地元のスポーツチームやフィットネスクラスに参加する。

友人や家族と散歩をする。

フィットネストラッカーを使って、友だちと歩数競争に挑戦しよう。

地域の清掃活動やチャリティ・ランなど、積極的なボランティア活動に参加する。

あなたの仕事

あなたの運動仲間になってくれる人を１人探しましょう。一緒に何かアクティブなことをする時間を決めましょう。

8.進歩を記録し、勝利を祝う

自分の動きを記録することで、モチベーションを維持し、どこまで進んだかを確認することができる。

追跡方法：

フィットネストラッカーやスマートフォンのアプリを使う。

日々の活動を記録するために日記をつける。

小さなマイルストーンを設定し、達成したら自分にご褒美をあげよう。

あなたの仕事

トラッキング方法を選び、次の１週間の動きを記録する。最初のマイルストーンを達成したら、ささやかなご褒美を選びましょう。

9.ムーブメントの長期的メリット

ムーブメントをライフスタイルに取り入れると、その恩恵は身体の健康だけではありません。得られるものは以下の通りだ：

　自信の向上：より強く、より有能であると感じることで、自尊心が高まる。

　気分の向上：定期的な運動はストレスを軽減し、精神を明晰にする。

　深いつながり：アクティブな趣味は友人や家族との関係を深める。

　長寿：活動的でいることは、より長生きし、年齢を重ねても自立した生活を維持するのに役立つ。

最終的な感想

ムーブメントは、あなたの身体、心、精神に与える贈り物です。日常生活に取り入れることで、強さ、回復力、達成感が生まれ、それが人生のあらゆる分野に波及していく。

次の章では、悪い習慣を断ち切るための経済的側面と、意図的な金銭管理を通じて富を築く方法を探る。今は、靴紐を締め、動き出し、旅を楽しもう。あなたは素晴らしい仕事をしている！

第 6 章
マインド・オーバー・プレート

第６章へようこそ！これまでの章では、食習慣と運動の重要性に取り組んできた。今度は、あなたと食べ物の関係において、あなたの考え方が果たす役割に焦点を当てる番です。食べることについての考え方、つまり信念、感情、習慣は、あなたの目標をサポートすることもあれば、妨害することもあります。この章では、不健康なパターンから抜け出し、自分の体に栄養を与えることを心から楽しむことができるよう、食事に対するマインドフルで意図的なアプローチを身につけるためのガイドをします。

1.マインドセットと食事の関係

食べ物は単なる燃料ではなく、文化や快適さ、さらには自己イメージと結びついている。残念なことに、この感情的な結びつきは時として、食べ過ぎ、罪悪感、制限につながることがある。

食習慣を変えるには、考え方を変える必要がある。マインドフルな食事は、健康と幸福に役立つ意識的な選択をするための鍵です。

2.マインドレス・イーティングを理解する

マインドレス・イーティングとは、無意識に食べてしまうことで、過食や不健康な食事につながることが多い。よくある誘因は以下の通り：

　感情的摂食：ストレス、悲しみ、退屈に対処するために食べ物を使うこと。

　外的な手がかり：食べ物が手に入るから食べるのであって、お腹が空いているから食べるのではない（ビュッフェやオフィスでの軽食を考える）。

気が散る：テレビを見ながら、スマホをスクロールしながら、仕事をしながら食べる。

あなたの仕事

最近３回の食事やおやつを振り返ってみてください。本当にお腹が空いていたのか、それとも習慣や感情、気晴らしから食べていたのか。気づいたことを書き留めてください。

3.マインドフルイーティングの実践

マインドフルな食事とは、ゆっくりとした気持ちで食事に向き合うこと。体の空腹と満腹のシグナルに耳を傾けることで、食べ過ぎを防ぎやすくなる。

マインドフルな食事を実践するためのステップ：

食べる前に一時停止する：自分自身と向き合う時間を持ちましょう。お腹が空いているのか、習慣や感情で食べているのか。

五感を働かせる：一口食べる前に、食べ物の色、香り、食感に注意しましょう。

ゆっくり食べる：一口ごとにフォークを置き、よく噛んで食べる。

体の声を聞く：満足したら食べるのをやめる。

あなたの仕事

次の食事では、マインドフルな食事を実践しよう。気が散るものを排除し、ゆっくりと食べ、その体験がどのように感じられるかを記録する。

4.食の信念を書き換える

私たちの多くは、食べ物に関して、役に立たない信念を内面化している。よくある例は以下の通り：

"皿の上のものは全部食べきらないと"

"健康的な食べ物はつまらない、味気ない"

"今日はもうめちゃくちゃにしちゃったから、好きなものを食べたほうがいいかも"

どのようにこれらの信念をリフレームするか：

古い信念"皿の上のものは全部食べきらなければならない"

新しい信念："食べ残しをとっておいてもいいし、満腹になったらやめてもいい"

古い信念"健康的な食べ物はつまらない、味気ない"

新しい信念"健康的な食べ物も正しい調理法で美味しくなる"

あなたの仕事

食べ物に関してあなたが抱いている否定的な信念をひとつ書き出す。そして、それに代わる肯定的な信念を作り出し、それを毎日自分に繰り返してください。

5.感情的な食事の管理

感情的な食事は、人々が直面する最も一般的な課題の一つです。食べ物を対処法として使うのではなく、自分の食事パターンの背後にある感情に対処することが不可欠です。

感情的な摂食を管理するためのステップ：

きっかけを見極める：ストレスや退屈、悲しみから食べ物に手が伸びてしまうのはどんな時か気づく。

代替手段を見つける：食べる代わりに、日記を書いたり、瞑想したり、散歩をするなど、健康的な対処法を見つける。

前もって計画を立てる：衝動的な決断を避けるために、健康的なスナックを用意しておく。

あなたの仕事

次に感情的に食べたくなったら、一旦立ち止まって、食べ物以外の対処法を試してみてください。それでどう感じたかを振り返ってみてください。

6.ポジティブな食事環境を作る

環境は、食べる量や食べ物に影響を与えます。身の回りの環境を少し変えるだけで、自然と健康的な食生活をサポートすることができます。

ポジティブな環境のためのヒント

皿の大きさが重要：小さめのお皿を使って、分量を調節しましょう。

目に入らず、頭にも残らない：健康的でないスナック菓子は視界に入らないようにし、健康的なもの（果物など）は手に取りやすい場所に置く。

雰囲気を作る：テーブルに座り、適切な食器を使い、気が散らないようにして、快適な食事環境を作る。

あなたの仕事

今日から食事環境を少し変えてみましょう。例えば、パントリーを整理して、ヘルシーな選択肢を目立つようにする。

7.80/20の法則を受け入れる

80/20ルールとは、80%の時間を健康的な選択に集中する一方で、嗜好品にはある程度の柔軟性を持たせることを意味する。このアプローチは、「完璧」でなければならないというプレッシャーを軽減し、健康的な食生活をより持続可能なものにする。

80/20ルールの適用方法

ご褒美は計画的に：いつ、どのようにおやつを楽しむかを決めましょう。

食事を味わう：贅沢をするときは、ゆっくり食べて、罪悪感なく一口一口を楽しむ。

軌道修正：次の食事から健康的な食生活に戻りましょう。

あなたの仕事

今週、楽しみたい嗜好品をひとつ選びましょう。いつ、どのように食べるかを計画し、心して味わう練習をしましょう。

8.食べ物への感謝の気持ちを育む

感謝の気持ちは、食との関係を一変させる。食事に感謝することで、満足感が増し、食べるという行為とのつながりを感じられるようになる。

感謝を実践する方法：

　食べる前に一時停止する：食べ物がどこから来たのか、それを調理するのにかかった労力について、少し考えてみましょう。

　感謝の気持ちを表す：黙ってでも声に出してでも、食事の栄養に感謝する。

　プロセスを楽しむ：結果だけでなく、料理や食事の経験を味わう。

あなたの仕事

次の食事の前に、ちょっと立ち止まって、食事について感謝していることを３つ書き出してみよう。

9.マインドフル・アプローチの長期的メリット

食事に対する考え方を変えれば、大きな変化に気づくだろう：

もっとコントロールできる：お腹が空いたら食べ、満足したらやめる。

ストレスが減る：食べ物に対する罪悪感や不安が薄れる。

より良い健康：マインドフルな食事は、バランスの取れた食生活と健康的な体重をサポートする。

より深い楽しみ：食事は欲求不満ではなく、喜びの源となる。

最終的な感想

マインドフルな食事とは、完璧を目指すものではなく、より健康的な選択をする力を与えてくれる、思慮深く意図的な食との関係を築くことです。気づきを実践し、感情を管理し、バランスを受け入れることで、考え方を変え、幸福のための生涯の基盤を築くことができます。

次の章では、悪い習慣を断ち切るための経済的な側面に取り組み、お金の考え方を変えることで富を築く方法を探る。今は、「皿より心」を実践し続け、小さな一歩を踏み出すたびに祝福しよう。あなたにはこれがある！

第7章
使い過ぎのサイクルを断ち切る

第７章へようこそ。ここでは経済習慣に焦点を移します。使いすぎは、最も一般的な経済的落とし穴のひとつである。多くの場合、ストレスや感情的な引き金、あるいはお金の行方についての認識不足など、より深い問題から生じている。

この章では、使い過ぎの原因を特定し、それを抑えるための戦略を立て、自分の価値観や経済的目標と支出を一致させるための計画を立てるお手伝いをします。経済的な健康は、身体的、感情的な健康と同様に、全体的な幸福にとって非常に重要であることを忘れないでください。

1.なぜ使いすぎるのかを理解する

使い過ぎの連鎖を断ち切るには、まずその根本原因を特定しなければならない。自問してみよう：

よくある使いすぎの理由：

　感情的な誘因：ストレス、悲しみ、退屈、自尊心の低下に対処するためのショッピング。

　社会的圧力：友人や流行、社会の期待について行くための出費。

　便利文化：コストを考えずに衝動買いや宅配サービスに頼る。

　意識の欠如：支出を追跡していない、あるいは小さな買い物が時間とともにどれだけ積み重なるかを認識していない。

あなたの仕事

10 分間、自分の消費習慣を振り返ってみましょう。最近した必要のない買い物を３つ書き出してみてください。その買い物の動機は何ですか？

2.使い過ぎのパターンを認識する

行動にはパターンがつきものですが、使いすぎも同じです。いつ、どこで使いすぎる可能性が高いかを特定することで、そのサイクルを断ち切ることができます。

よくあるパターン：

　時間帯深夜にオンラインショップを見ていて使いすぎてしまうことはありませんか？

　場所いつも使いすぎてしまう特定の店、ウェブサイト、アプリはありますか？

　感情の状態：気分が落ち込んでいるとき、ストレスを感じているとき、あるいは祝杯をあげているときに買い物をしますか？

あなたの仕事

1 週間、買い物をするたびに記録する。ノートやアプリを使って、何を買ったか、どこで買ったか、その時どんな気分だったかを記録する。パターンを探す。

3.お金に対する考え方を変える

食べ物や運動と同じように、お金との関係はあなたの信念や態度によって形作られます。今こそ、より健全な金銭習慣をサポートするために、それらの信念を再構築する時です。

よくあるお金の神話を見直そう

神話："私は一生懸命働いているのだから、自分にご褒美を与える資格がある"

真実：あなたは、つかの間の満足よりも、経済的安定と心の平穏に値する。

神話："もっと稼げるようになったら貯金を始めよう"

真実：貯蓄は習慣であり、数字ではない。少額でも重要。

あなたの仕事

お金についてあなたが抱いている制限的な信念を１つ書き出してください。それを、肯定的で力を与える言葉に置き換えてください。例えば

制限された信念"私はいつもお金の使い方が下手だ"

エンパワーメント・ビリーフ"私はお金の管理を学び、日々向上している"

4.支出境界線の導入

使いすぎを抑えるには、支出に明確な境界線が必要です。このガイドラインはガードレールのような役割を果たし、過度な制限を感じることなく軌道に乗せることができます。

境界線を設定するための戦略：

24 時間ルール不必要な買い物をする前に 24 時間待つ。

現金のみの方法：裁量的な支出のために毎週一定額の現金を引き出す。

毎月の限度額を設定する：外食、娯楽、衣料品などのカテゴリーに特定の金額を割り当てる。

あなたの仕事

今週実行する支出制限を１つ選ぶ。それを書き出し、守る。例えば「50ドル以上の買い物には24時間ルールを適用する。

5.衝動買いを経済的勝利に置き換える

衝動的な支出はしばしば習慣になりがちだが、習慣は取り替えることができる。必要のない買い物を我慢するたびに、そのお金を経済的な目標に振り向けましょう。

リダイレクションの例：

使わなかった分を貯蓄口座に移す。

借金の返済に充てる。

自分の価値観に合ったスキルや経験など、有意義なものに投資する。

あなたの仕事

次に衝動的に何かを買いたくなったら、一旦立ち止まる。そのお金を貯蓄口座に移すか、借金の返済に充てる。どれくらい「節約」できているか、長期的に追跡してみよう。

6.自分の価値観と支出を一致させる

使いすぎは、自分にとって本当に大切なものと一致していないときによく起こります。自分の核となる価値観を明確にすれば、本当の充実感をもたらすものに優先的にお金を使うことができる。

支出を調整するためのステップ：

　自分の価値観を明確にする：家族、健康、教育、経験など、あなたにとって最も大切なものは何か？

　購入を評価する：この買い物は自分の価値観に合っているか？

　前もって計画を立てる：優先順位を反映した予算を立てる。

あなたの仕事

あなたの価値観のトップ３を書き出してください。それぞれの価値観について、それを反映させるために支出を調整できる方法を１つ挙げてください。

7.お金を追跡・管理するツール

家計簿をつけることは、使い過ぎのサイクルを断ち切るために非常に重要です。幸い、説明責任を果たすためのツールやテクニックはたくさんある。

推奨ツール

　予算管理アプリ：Mint、YNAB（You Need A Budget）、EveryDollarなどのアプリを使えば、リアルタイムで支出を把握できる。

スプレッドシート：手作業が好きなら、簡単なスプレッドシートを作って支出を分類し、合計する。

封筒システム：特定のカテゴリーに現金を割り当て、それぞれの封筒にある分だけを使う。

あなたの仕事

今月の支出を記録するツールを１つ選びましょう。先週の支出を入力することから始めましょう。

8.挫折の克服

経済的習慣を断ち切るには時間がかかり、挫折はそのプロセスの一部である。大切なのは、そこから学び、前進し続けることだ。

挫折に対処するためのヒント

恥を避ける：失敗するのは普通のことだと認識する。

きっかけを分析する：使いすぎの原因は何か？次回はどのように対処できるか？

目標に焦点を合わせる：経済習慣を改善しようと努力している理由を思い出す。

あなたの仕事

最近起こった挫折について考える。そこから何を学んだか、また今後同じような状況に陥ったときにどのように対処するかを書き出してください。

9.財務規律がもたらす長期的報酬

使い過ぎのサイクルを断ち切ることは、単にお金を節約することだけではない。

経験できるメリット

ストレスの軽減：もう借金や請求書について心配する必要はない。

貯蓄の増加：緊急時、目標、機会のための資金。

価値観との一致：本当に重要なことに費やすことで、より大きな充実感が得られる。

富を築く：財務規律は、時間をかけて富を増やすための基盤である。

最終的な感想

使い過ぎのサイクルを断ち切るのは旅ですが、小さな一歩を踏み出すごとに、経済的自由が近づいてきます。自分の習慣を理解し、境界線を設定し、自分の価値観と支出を一致させることで、長期的な目標を支えるお金との健全な関係を築くことができる。

次の章では、感情的知性を強化し、より深いつながりを築き、より巧みに自分の感情を管理する方法を探ります。当面は、経済的な勝利に集中し、自分の進歩を祝いましょう！

第 8 章
財務規律を築く

第８章へようこそ！さて、使い過ぎについて述べてきましたが、次は経済的規律を養うことに焦点を当てましょう。意図的にお金を管理し、不必要な借金を避け、一貫性と自信を持って経済的目標に向かって努力する力を与えてくれます。

この章では、経済的規律を身につけるための実践的なステップを紹介し、誘惑があっても自分のプランにコミットし続けることができるようにする。適切なツール、マインドセット、戦略を使えば、金銭に支配されるのではなく、金銭をコントロールする方法を学ぶことができる。

１.財務規律を理解する

経済的規律とは収奪のことではなく、衝動的な欲望よりも自分のニーズや長期的な目標を優先することである。収入、支出、貯蓄、投資の方法について、思慮深い決断を下すことを意味する。

財務規律のメリット

安心感：家計をコントロールできていると実感できる。

目標を達成する継続的な努力は、経済的なマイルストーンに近づく。

富を築く：規律を守ることで、貯蓄と投資を通じてお金を増やすことができる。

あなたの仕事

あなたにとって財務規律とは何かを定義する時間を取りましょう。このスキルを身につけることで達成したい長期的な利益を１つ書き出してください。

2.明確な財務目標の設定

自分が何に向かって努力しているのかが分かれば、規律を守ることは容易になる。明確で具体的な目標は、モチベーションと方向性を与えてくれる。

財務目標を設定するためのステップ：

優先順位を決める：借金の返済、マイホームのための貯蓄、緊急資金の準備など、何が最も重要か？

具体的に：漠然とした目標は漠然とした結果につながる。もっとお金を貯める」のではなく、「12ヶ月で5000ドル貯める」ことを目標にしましょう。

タイムラインを設定する：期限を設けることで、緊急性を高め、進捗状況を把握しやすくなります。

ブレイクダウン：大きな目標を、管理しやすい小さなマイルストーンに分割する。

あなたの仕事

短期（3～6カ月）と長期（1年以上）の経済的目標を1つずつ書く。できるだけ具体的に。

3.現実的な予算を立てる

予算は、財政規律へのロードマップです。予算は、あなたの目標に沿った方法で収入を配分することを保証します。

予算の主な構成要素：

固定費：家賃、光熱費、保険料、その他の経常費用。

変動費：食料品、交通費、娯楽費

貯蓄：できれば収入の少なくとも20%を貯蓄することを目指す。

借金の返済：高金利の借金を優先的に返済する。

あなたの仕事

来月の簡単な予算を立てる。アプリ、表計算ソフト、または紙とペンを使ってください。すべての収入と支出を記載し、貯蓄と目標にお金を割り当てるようにしましょう。

4.遅延満足の実践

規律を守るには、即座に報酬を得たいという衝動を抑えることが必要な場合が多い。遅延満足とは、長期的な利益のために短期的な喜びを見送る能力である。

遅延的満足を実践する方法：

未来を視覚化する：今日の犠牲が明日の成功につながることを思い出す。

待機期間を設ける：必要でない買い物をする前に、24 時間かそれ以上待って、まだ欲しいかどうかを確認する。

　戦略的に自分にご褒美を：衝動的な散財ではなく、計画的なご褒美で節目を祝う。

あなたの仕事

今週、遅延満足を実践できる分野を１つ見つけましょう。例えば、外食を控えて、その分を貯蓄目標に回す。

5.緊急時資金の構築

緊急資金は、財政規律の礎石である。予期せぬ出費があなたの前進を狂わせたり、借金を背負わせたりするのを防ぐ。

緊急時資金を作るためのステップ

　目標設定：3～6カ月分の必要経費を目標にする。

　小さく始める：500～1,000ドルでも大きな違いを生むことができる。

　貯蓄の自動化：貯蓄専用口座への定期的な振り込みを設定する。

あなたの仕事

まだ緊急資金を持っていない場合は、この目的のために別の口座を開設する。毎月拠出できる金額を決め、自動振替を設定する。

6.衝動的な支出を抑える

衝動買いは、財政規律を脅かす最大の要因のひとつである。こうした衝動をコントロールすることを学べば、軌道を維持しやすくなる。

衝動買いを抑えるコツ

現金のみを使う：買い物をするときは、使う予定の現金だけを持参する。

登録を解除する：セールや割引を宣伝するメールリストやアプリから自分を外す。

自問自答せよ：「これが必要なのか、それともただ欲しいだけなのか？

あなたの仕事

次に衝動買いをしたくなったら、一旦立ち止まり、その商品と欲しい理由を書き出す。少なくとも 24 時間待ってから決める。

7.ファイナンシャル・プランを自動化する

自動化によって、財務規律から当て推量がなくなります。貯蓄、請求書の支払い、投資を自動化することで、使い忘れや使い過ぎのリスクを減らすことができる。

オートメーションのヒント

普通預金普通預金口座への口座振替または定期振替を設定する。

請求書支払いを自動化して延滞金を回避。

投資：アプリや証券会社を使って毎月一定額を投資する。

あなたの仕事

貯蓄や請求書の支払いなど、今週自動化すべき家計の側面を１つ特定する。

8.経済的挫折の克服

どんなにいいと思っていても、人生にはいろいろなことが起こる。大切なのは、挫折から学び、あきらめずに計画を調整することだ。

立ち直るためのステップ

ダメージを評価する：挫折はあなたの財政にどれほどの影響を与えたか？

計画を調整する：挫折を考慮して予算と目標を見直す。

前向きに：完璧ではなく、進歩に集中する。

あなたの仕事

過去の経済的な挫折を思い浮かべてください。その経験から何を学んだか、その教訓を今後どのように生かせるかを書き出す。

9.ファイナンシャル・マインドセットの強化

経済的規律とは、戦略と同じくらい考え方の問題である。規律ある考え方を養うことで、たとえ困難な道のりであると感じても、努力を続けることができる。

マインドセットのヒント

　進歩を祝う：どんなに小さなことでも、自分の成功を認める。

　教養を保つ：本やポッドキャスト、講座でパーソナルファイナンスについて学ぶ。

　感謝の気持ちを実践する：足りないものではなく、持っているものに集中する。

あなたの仕事

今週は毎日、どんなに小さなことでもよいので、あなたが達成した経済的成功を１つずつ書き出しましょう。例えば「今日はコーヒーを買わずに５ドル節約した。

10.財務規律の報酬

財務規律を一貫して実践すれば、銀行口座の数字をはるかに超える報酬を経験することができる。

長期的なメリット：

　自由：経済的な心配が減れば、好きなことを追求する機会も増える。

　安心：緊急資金と貯蓄は安心感をもたらす。

　成長：資金を投資することで、その資金が長期にわたってあなたのために働くようになる。

　自信：目標を達成することで、自己信頼と達成感が生まれる。

最終的な感想

経済的規律を築くことは、目的地ではなく旅路です。明確な目標を設定し、意図的に資金を管理し、計画にコミットし続けることで、永続的な経済的成功の基盤を築くことができる。

次の章では、悪い習慣を断ち切るための感情的知性とその役割について探っていく。今は、経済的な勝利に集中し、前進し続けよう！

第 9 章
富のマインドセット

第９章へようこそ！この章では、富のマインドセットという変革の概念を掘り下げる。富とは、単に銀行口座のお金のことではなく、豊かさを生み出し、維持するための考え方、信念、規律あるアプローチのことなのだ。富の考え方を身につけることで、希少性や短期的な満足感から、豊かさや長期的な成長へとフォーカスを移すことができます。

この章では、制限された信念を再構築し、経済的成長に沿った習慣を採用し、経済的成功と個人的成功の両方を促進する考え方を培うための実践的なステップを踏むよう、あなたを導く。

1.ウェルス・マインドセットとは何か？

ウェルスマインドセットとは、機会、豊かさ、成長に焦点を当てる人生に対する姿勢とアプローチのこと。生まれながらにして裕福であるとか、すぐにお金持ちになれるということではなく、時間をかけて自然に経済的な成功につながるような考え方や行動をすることなのだ。

ウェルス・マインドセットの基本原則：

欠乏より豊かさ：自分も含め、すべての人に十分なものがあると信じることで、妬みがなくなり、創造的な問題解決が育まれる。

固定概念にとらわれない成長：困難を乗り越えられない障害ではなく、学び、成長する機会と捉える。

長期的な視点：つかの間の楽しみよりも、投資、貯蓄、戦略的決定を優先する。

オーナーシップを持つ：経済的な将来は、外部の状況ではなく、自分の行動にかかっていることを認識すること。

あなたの仕事

あなたにとって、お金以外の豊かさとは何かを書き出してみてください。それは自由なのか、安全なのか、惜しみなく与える能力なのか、それとも他の何か？

2.お金に関する制限的な信念をリフレーミングする

お金に関する制限的な信念は、経済的な成功を阻む精神的なブロックです。こうした思い込みは、幼少期の経験や社会的なメッセージに根ざしていることが多い。裕福な考え方を身につけるには、こうした制限的な考えを特定し、再構築する必要があります。

よくある制限的信念：

"カネは諸悪の根源である"

リフレームする："お金は、自分の人生と他人の人生にポジティブな変化をもたらすツールである"

"お金の使い方が下手なだけ"

リフレームする："私は毎日、より良い財政管理を学んでいる"

"富は幸運な人のためにあるのであって、私のためにあるのではない"

捉え直す：「富は一貫した努力と賢い選択によって築かれる。

あなたの仕事

お金に関してあなたが持っている制限的な信念を１つ書き出してください。そして、それを肯定的で力を与える表現に書き換えましょう。

3.富のマインドセットのための習慣を培う

富のマインドセットとは、単に何を考えるかということではなく、一貫して何をするかということだ。習慣は成功の積み木であり、日々の小さな行動が、やがて大きな経済的成長につながる。

富を築く習慣

　毎日の感謝：一日の始まりか終わりに、感謝していることを３つ書き出す。感謝することで、あなたのフォーカスを欠乏から豊かさへとシフトさせる。

　あなたの財政を追跡します：定期的に収入、支出、貯蓄を確認し、常に情報を入手し、管理しましょう。

　自分に投資する：新しいスキルの習得や人脈作りなど、個人的・職業的成長のために時間とリソースを割く。

　お金について学ぶ：本を読んだり、ポッドキャストを聞いたり、パーソナルファイナンスや投資に関する講座を受講する。

あなたの仕事

今週、富を築くための新しい習慣を１つ選びましょう。それをどのように実行するかを書き出し、毎日実践することを約束する。

4.支出から投資への転換

富の考え方は、支出よりも投資を優先する。支出は短期的な満足をもたらすが、投資は長期的な富と安心を築く。これは金銭的な投資だけを意味するのではなく、スキルや健康、人間関係への投資も含まれる。

投資の種類

金融投資：株式、不動産、投資信託、起業など。

自己啓発：教育、資格、または個人的なコーチング。

人間関係：人生を豊かにし、扉を開く有意義なつながりを築く。

あなたの仕事

生活の中で、支出から投資へと焦点を移すことができる分野を１つ特定する。例えば、新しい服を買う代わりに、キャリアアップのためのオンラインコースに投資する。

5.忍耐と遅延満足の実践

富の考え方は忍耐を受け入れる。資産形成はマラソンであり、疾走ではない。大きな経済目標を達成するためには、満足を遅らせることが不可欠である。

遅延的満足を実践する方法：

視覚的な目標を作る：ビジョンボードやアプリを使って、経済的な目標を常に念頭に置く。

節目を祝う：貯蓄や投資のマイルストーンを達成したら、計画的にささやかなご褒美をあげましょう。

なぜ」を思い出せ：自由、安全、あるいは遺産を残すことなど、より大きな絵を思い起こすこと。

あなたの仕事

長期的な目標のために、短期的な金銭的犠牲を払ってもよいと思うものを書き出す。例えば「今月は外食を減らして、300 ドルの緊急資金を貯める」。

6.適切な影響に囲まれる

あなたのマインドセットを形成する上で、あなたの環境は重要な役割を果たします。あなたの経済的成長を刺激し、サポートしてくれる人、リソース、影響力に囲まれましょう。

ウェルス・ポジティブな環境のためのヒント：

コミュニティに参加する：個人金融や投資のグループで、同じ志を持つ人たちとつながろう。

メンターを探す：経済的成功を収めた人から学ぶ。

否定的な影響を制限する：過剰な支出や欠乏思考を助長する人々やメディアとの接触を減らす。

あなたの仕事

今週、本、ポッドキャスト、コミュニティなど、富の考え方に沿った新しいインスピレーションの源を１つ見つけましょう。

7.富のマインドセットにおける寛大さの役割

豊かさとは、単に蓄えることではなく、自分のリソースを使ってポジティブな影響を与えることなのです。寛大さは、与えるには常に十分であることを強化することで、豊かさを育みます。

寛大さを実践する方法：

時間自分の関心のある活動にボランティアとして参加する。

知識を得る：財務に関するヒントやアドバイスを他の人と共有する。

お金チャリティや募金活動、困っている人に寄付する。

あなたの仕事

今週は、寛大な行いをひとつ約束しましょう。金銭的なことでなくても、時間や知識も同じように価値のあるものです。

8.進捗を測定し、勝利を祝う

富の考え方を身につけることは継続的なプロセスであり、その過程で自分の進歩を認識することが不可欠です。小さな成功を祝うことで、モチベーションが維持され、前向きな習慣が強化される。

進捗を測定するためのヒント：

純資産を把握する：資産と負債を定期的に見直す。

マイルストーンを設定する：長期的な目標を小さな達成に分割する。

成長を振り返る：自分がどれだけ成長したかを振り返る。

あなたの仕事

過去１ヶ月の財務状況を振り返ってください。改善した点を１つ、小さな収穫を１つ書き出してみましょう。

9.資産マインドセットの長期的影響

豊かな考え方は、単に経済的な面を変えるだけでなく、人生を変える。チャンスを広げ、ストレスを軽減し、目的と意図を持って生きることができるようになるのだ。

ウェルス・マインドセットのメリット

経済的安定：人生の不確実性に対する安定した基盤。

選択の自由：経済的な制約を受けずに情熱を追求する能力。

レガシー・ビルディング次世代への機会を創造する

最終的な感想

富の考え方を養うことは、人生でできる最も強力な変化の一つである。自分の信念を見直し、富を築く習慣を取り入れ、長期的な成長に集中することで、経済的な成功を手に入れるだけでなく、豊かさと目的のある人生を創造することができる。

次の章では、自分の感情を使いこなすことで、悪い習慣を断ち切り、より良い人間関係を築き、人生のあらゆる分野でより大きな成功を収めることができる、エモーショナル・インテリジェンスについて探っていく。あなたはより豊かで充実した未来に向かっているのです！

第 10 章
エモーショナル・インテリジェンス（EQ）を理解する

第 10 章へようこそ。ここでは、個人の成長と成功に不可欠なスキルである感情的知性（EQ）に焦点を当てます。EQ とは、自分の感情を認識し、理解し、管理する能力であると同時に、他人の感情を理解し、影響を与える能力でもあるとよく言われます。IQ は認知的な知性を測るものですが、EQ は人間関係をうまく操り、ストレスをうまく処理し、決断を下すかどうかを決めるものです。

この章では、EQ の構成要素、自分の現在の感情的知性を評価する方法、そして EQ を向上させるための実行可能な方法について説明する。

1.エモーショナル・インテリジェンス（EQ）とは何か？

感情的知性は、効果的なコミュニケーション、意思決定、回復力の基礎となる。EQ が高い人は、人間関係、仕事、個人的な習慣のいずれにおいても、自分の人生をうまく管理できる傾向がある。

EQ の 5 つの核心構成要素：

　自己認識：自分の感情を認識し、それが自分の思考や行動にどのように影響するかを理解する。

　自己調整：衝動的な感情や行動を抑え、冷静さを保ち、状況の変化に適応する。

　モチベーション：挫折を経験しながらも、目標達成への意欲を持ち続けること。

共感：相手の気持ちを理解し、分かち合い、つながりや思いやりを育む。

社会的スキル：健全な人間関係の構築、対立の解決、他者への効果的な影響力。

あなたの仕事

最近起こった感情的な反応を振り返ってください。その時の状況、感情、それが自分の行動にどのような影響を与えたかを書き出してください。EQのどの要素が作用していたかを特定する。

2.なぜEQが悪い習慣を直すのに重要なのか？

ストレス食い、先延ばし、難しい会話の回避など、感情の状態が習慣を左右することはよくあります。EQを向上させることで、感情の引き金に気づき、反応的に対応するのではなく、思慮深く対応できるようになります。

EQの実践例：

自己認識：退屈すると無意識に間食をしてしまうことを自覚する。

自己規制：ストレスの多い一日の後、感情的な買い物をしたくなる衝動を抑える。

共感：相手の気持ちを理解することで、衝突ではなく健全なコミュニケーションにつなげる。

あなたの仕事

断ち切りたい習慣を１つ特定する。この行動の原動力となる感情は何か？自分の考えを書き出す。

3.あなたのエモーショナル・インテリジェンスを評価する

EQを向上させるには、まず現在の自分の立ち位置を理解する必要がある。各要素における自分の強みと弱みを評価することで、成長のためのロードマップが見えてきます。

自己評価の質問：

　自己認識：自分の感情をどの程度理解しているか。自分の感情に正確に名前をつけることができるか。

　自己規制：私は衝動的に行動することが多いか？プレッシャーの中で冷静でいられるか？

　モチベーション有意義な目標を設定し、達成しているか。

　共感：行動する前に相手の気持ちを考えることがどれだけあるか？

　社会的スキル効果的にコミュニケーションをとり、対立を建設的に解決できるか。

あなたの仕事

EQの各要素について、自分自身を１から10の尺度で評価する。改善したい部分を強調してください。

4.自己認識を深める

自己認識は感情的知性の礎である。自分の感情に気づけば、その影響を理解し、自分の行動をコントロールすることができる。

自己認識の築き方

日記をつける：毎日、自分の感情とその引き金となった状況を書き留める。

一時停止して振り返る：強い感情を感じたら、それに反応する前に、少し時間をとってそれを確認する。

フィードバックを求める：信頼できる友人や同僚に、あなたの感情的な反応をどう受け止めているか尋ねてみましょう。

あなたの仕事

一週間、自分の感情を日記に書いてみましょう。イライラしたり、悲しんだり、喜んだりする具体的なきっかけはありますか？

5.自己規制をマスターする

自己調整とは、感情に行動を左右されないように、自分の感情を効果的に管理することである。それは、一時停止し、内省し、意図的に反応を選択する能力である。

より良い自己規制のためのテクニック：

呼吸法：ストレスの多い状況で自分を落ち着かせるために、深呼吸の練習をする。

ネガティブな思考をリフレーミングする：私は絶対に成功しない」を「私は学び、向上している」に置き換える。

境界線を設定する：感情の引き金になるような環境や状況を避ける。

あなたの仕事

衝動的に反応しがちな状況を１つ特定する。次にそのような状況に陥ったときに、感情をコントロールするための具体的な戦略を立てる。

6.共感を築く

共感は、他者を理解し、他者とつながることで、人間関係を強化する。相手の立場に立って状況を見ることができ、思いやりをもって対応することができる。

共感の作り方：

　積極的に聞く：相手の話を遮ったり、返事を考えたりせず、相手の話に集中する。

　質問をする：批判するのではなく、理解することを求める。例えば「最近やりがいを感じていることは何ですか？

　視点を変える練習をする：相手の状況に自分がいることを想像する。

あなたの仕事

今週は、相手の話を聞き、相手の立場を理解することだけに集中した会話をしてください。それで自分がどう感じたかを振り返ってください。

7.モチベーションの向上

モチベーションとは、たとえ困難が生じたとしても、前進し続けるものである。高い EQ を持つ人は、自分の価値観や目標と行動を一致させることで、意欲を維持します。

モチベーションを高めるヒント：

明確な目標を設定する：目標は、具体的で、測定可能で、達成可能で、適切で、期限付き（SMART）であることを確認する。

成功を視覚化する：目標を達成することがどのように見えるか、どのように感じるかを定期的に想像する。

進歩を追跡する：勢いを維持するために、小さな成功を祝う。

あなたの仕事

長期的な目標を１つと、それに向かって今週行う短期的なステップを３つ書き出す。

8.社会的スキルの向上

健全な人間関係を築き、対立を解決するためには、強力な社会的スキルが不可欠です。このスキルがあれば、効果的にコミュニケーションを図り、協調性を育むことができます。

ソーシャルスキルを向上させる方法：

明確なコミュニケーションを実践する：他人を責めることなく、感情やニーズを表現するために "I "ステートメントを使う。

紛争解決を学ぶ：問題にこだわるのではなく、解決策に焦点を当てる。

感謝を示す：他人の貢献を認め、感謝の気持ちを表す。

あなたの仕事

コミュニケーションを改善できる関係を１つ特定する。積極的な傾聴や感謝の表現など、新しいスキルを１つ、次の交流の中で実践する。

9.高い EQ のメリット

感情的知性を強化すれば、人生のあらゆる領域でポジティブな変化に気づくだろう：

より強い人間関係：コミュニケーションと共感の向上は、より深いつながりにつながる。

より良い意思決定：感情によって判断が鈍ることはもうありません。

回復力：自信をもって挫折から立ち直る。

より健康的な習慣：より効果的に引き金に対処できるようになり、不健康な対処法への依存が減る。

あなたの仕事

EQ を向上させることが、あなたの人生にどのようなプラスの影響を与えるかを考えてみましょう。あなたが成長したいと思う具体的な分野を１つ書き出してください。

最終的な感想

感情的知性を理解し向上させることは、自分自身への最も価値ある投資のひとつです。EQ は単に自分の感情を管理するのに役立つだけでなく、困難を乗り越え、有意義な人間関係を築き、人生に永続的な変化をもたらす力を与えてくれる。

次の章では、感情的知性、経済的規律、習慣の打破のためのこれらの戦略が、いかにして全体的な変革をもたらすかを探ることで、すべてをまとめよう。あなたは素晴らしい仕事をしている！

第 11 章
リアクションをレスポンスに置き換える

第 11 章へようこそ！この章では、人間関係、意思決定、そして人生全体の満足度を劇的に向上させるスキル、「反応性を思慮深い反応に置き換える」ことに取り組む。反応性とは、刺激に対する反射的で感情的な反応のことで、多くの場合、習慣やストレスに根ざしている。対照的に、反応とは、熟慮した上で意図的に起こす行動のことである。

反応性のサイクルを断ち切ることで、自分の行動をコントロールできるようになり、他人との交流を改善し、長期的な目標に沿った習慣を培うことができる。では、この重要なスキルを身につけるにはどうすればいいのか、さっそく見ていこう。

1.リアクションとレスポンスの違い

反応性は多くの場合、感情的な引き金やストレス、染み付いた習慣に起因する。それは衝動的で、しばしば後悔や機会損失につながる。一方、反応は意識と意図に基づくものだ。

反応性の特徴：

素早く、膝を打つような行動。

強い感情（怒り、恐怖、フラストレーション）に突き動かされる。

しばしば対立をエスカレートさせ、状況を悪化させる。

批判的思考や創造性の余地はほとんどない。

反応の特徴：

思慮深く慎重な行動。

自己認識と感情制御に根ざしている。

問題解決と前向きな結果に焦点を当てる。

人間関係を強化し、信頼を築く。

あなたの仕事

最近、衝動的に反応してしまった状況を思い浮かべてください。何が起こり、どう感じ、どうなったかを書き出してください。そして、もしあなたが代わりに対応していたら、その状況がどうなっていたかを想像してください。

2.感情の引き金を認識する

反応性を反応に置き換えるための第一歩は、何が自分を興奮させるのかを特定することだ。感情の引き金とは、強い、しばしば自動的な反応を引き起こす刺激である。

よくある引き金：

外的誘因：批判、拒絶、ストレスの多い環境。

内的トリガー：自信喪失、失敗への恐れ、過去の経験。

トリガーを特定する方法

自分の反応を記録する：自分が衝動的に反応していると感じた瞬間を記録する。何がきっかけでどう感じたかを記録する。

　パターンを振り返る：あなたの反応に繰り返し見られるテーマを探す。

　身体的な合図に注意を払う：心臓がドキドキしたり、拳を握りしめたり、胸が締め付けられたりといった身体の感覚に注意する。

あなたの仕事

感情の引き金を１つ特定し、それがあなたの行動に通常どのような影響を与えるかを説明する。その引き金がなぜあなたに影響を与えるのか、また、その引き金がどのような根底にある感情を呼び起こすのかを振り返ってください。

3.ポーズの練習

一時停止は、反応から反応へとシフトするための最も強力なツールだ。気づきと意図的な行動のためのスペースを作るのだ。

ポーズの練習方法

　深呼吸をする：感情が高ぶったときは、神経系を落ち着かせるために、ゆっくり深呼吸を３回する。

　感情にラベルをつける：自己認識を高めるために、今感じていることに名前をつける（例：「イライラしている」）。

　質問する：行動する前に、"私はこの状況で何を達成したいのか？"と自問する。

あなたの仕事

次に自分が反応しそうになったら、一時停止の練習をしよう。自分が何をしたか、それが結果にどう影響したかを書き出してみよう。

4.ネガティブな思考をリフレーミングする

反応性は多くの場合、否定的な、あるいは歪んだ思考パターンによって煽られる。このような思考をリフレーミングすることを学べば、視点を変えてより効果的に対応することができる。

よくあるネガティブな思考パターン：

大惨事化：最悪の結果を予想すること。

リフレームする："最も起こりそうな結果は何で、どう準備すればいいのか？"

個人化：他人の行動を自分のことだと思い込むこと。

リフレームする："これは私のことではなく、彼らの心の状態を反映している"

白黒思考：状況をすべて善か悪かで見ること。

リフレーム"グレーには濃淡がある-その中間は何か？"

あなたの仕事

最近の否定的な考えを１つ書き出し、それを建設的または中立的な視点にリフレーミングする。

5.感情的レジリエンスの構築

感情的レジリエンスは、困難に直面しても冷静沈着でいることを助け、反応的な行動をとる可能性を減らす。

レジリエンスを構築するための戦略：

マインドフルネスを実践する：瞑想やマインドフルネスを定期的に行うことで、思考や感情への気づきを高める。

対処法を開発する：日記を書く、運動する、友人に話すなど、感情を建設的に処理するための常用テクニックを持つ。

楽観主義を養う：問題にとらわれず、解決策に目を向ける。

あなたの仕事

今週は、レジリエンスを高める活動を１つ日課に取り入れましょう。例えば、毎日５分間のマインドフルネス・エクササイズから始める。

6.思慮深いコミュニケーション

思慮深いコミュニケーションは理解とつながりを育む。自分自身を明確かつ敬意を持って表現することを学ぶことは、反応するのではなく、反応することの重要な部分である。

思慮深いコミュニケーションのためのヒント：

Ｉ"ステートメントを使う：自分の感情やニーズに焦点を当てる（例："I feel hurt when..."）。

積極的に聞く：相手が話している間、自分の返事を考えずに、相手に注意を払う。

解決策に焦点を当てる：責任を押し付けるのではなく、協力して問題解決に取り組む。

あなたの仕事

次に難しい会話をするときは、"I "ステートメントとアクティブ・リスニングを使う練習をしましょう。それがそのやりとりにどのような影響を与えたかを振り返ってみましょう。

7.セルフ・コンパッションの実践

反応性は、しばしば自己批判や不全感から生じている。セルフ・コンパッションを実践すれば、優しさと忍耐をもって自分に接することができ、建設的な対応がしやすくなる。

セルフ・コンパッションの実践方法：

自分の人間性を認める：誰もが間違いを犯し、困難に直面することを思い出す。

自己批判に挑戦する：辛辣な批判を支持的な思考に置き換える。

自分を大切にする：体と心に栄養を与える活動を優先する。

あなたの仕事

最近犯した失敗を書き出す。自分を批判するのではなく、友だちと話すように、自分に優しく理解あるメッセージを書いてください。

8.反応性の習慣を置き換える

反応する癖を直すには、一貫性と意図的な練習が必要だ。思慮深い対応を選べば選ぶほど、それが自然にできるようになる。

反応性を置き換えるためのステップ：

反応パターンを特定する：衝動的に反応することが多い特定の状況に気づく。

新しいスクリプトを作る：よくある引き金に対する意図的な反応を開発する。

定期的に練習する：リスクの少ない状況を利用して、思慮深い対応を練習する。

あなたの仕事

変えたい反応的な習慣を一つ選びます。次にそのような状況になったときに使う、新しい台本や反応を書き出す。

9.思慮深い対応がもたらす長期的なメリット

反応性を反応に置き換えれば、人生の多くの分野で改善が見られるだろう：

より強い人間関係：他の人は、あなたの慎重なアプローチを信頼し、尊敬するようになる。

より良い決断を：思慮深い行動は、より効果的な結果につながる。

ストレスの軽減：自分の感情や行動をコントロールしやすくなる。

自尊心の向上：思慮深く対応することは、個人的なエンパワーメントの感覚を強化する。

最終的な感想

反応性を反応に置き換えることを学ぶことは、一生役立つ変容的なスキルである。自己理解を深め、回復力を養い、思慮深いコミュニケーションを身につけることで、自分の行動をコントロールできるようになり、人生のあらゆる分野でよりポジティブな結果を生み出すことができる。

次の章では、こうした変化を持続させ、本書から得たすべての教訓を長期的な成功のための包括的な計画に統合する方法を探る。あなたは意図的な生き方をマスターしているのだから！

第 12 章
エモーショナル・インテリジェンス（EQ）による人間関係の強化

この章では、感情的知性（EQ）が、家族、友人、同僚、恋愛相手など、あなたの人間関係をどのように変えることができるかを探ります。人間関係は、信頼、共感、効果的なコミュニケーションによって築かれるものです。人間関係を強化することは、対立を避けるだけでなく、人生を豊かにし、自己の成長を支える深いつながりを生み出すことでもあるのです。

有意義な人間関係を育み、維持するために EQ を活用するための実践的な戦略に飛び込もう。

1.人間関係における EQ の役割

感情的知性は強い人間関係の基礎を築く。自分の感情と他人の感情を理解すれば、思いやりと明晰さを持って困難を乗り越えることができる。

EQ が重要な理由

自己認識：自分の感情的なニーズを理解し、それを効果的に伝える手助けをする。

共感：相手の立場に立って物事を見ることができ、相互理解が深まる。

自己規制：葛藤があっても冷静で建設的でいられるようにする。

社会的スキル：信頼関係を築き、紛争を解決し、健全な境界線を維持する能力を向上させる。

あなたの仕事

改善したい人間関係を思い浮かべてください。EQ の５つの要素が、その具体的な行動においてどのように役立つかを書き出してみましょう。

2. 人間関係における感情的気づきの育成

自己認識は人間関係を強化する出発点です。自分の感情パターンを理解することで、他者とより真正面から、より効果的に接することができるようになる。

感情的な気づきの育て方：

自分自身を確認する：難しい会話をする前に、自分の感情と動機を確認する。

感情のパターンを監視する：特定の人々や状況が、一貫してあなたにどのような感情を抱かせるかに気づく。

建設的に感情を共有する：Ｉ "ステートメントを使い、責任を押し付けることなく感情を表現する（例：「急に予定が変更になり、気が重くなりました」）。

あなたの仕事

一週間、他人と接するときのあなたの感情的な反応を記録してください。自己認識を深めることで、結果を改善できたかもしれない例を１つ挙げてください。

3. より深いつながりのために共感を深める

共感は他者の視点や感情を理解するための架け橋となる。人は理解されたと感じれば、あなたを信頼し、つながりやすくなる。

共感を実践する方法：

　積極的に聞く：相手の言葉、口調、身振り手振りに注意を払う。

　感情を認める："本当にイライラしているみたいだね "などと言って、感情を認める。

　オープンエンドの質問をする："どう感じましたか？"などの質問で、より深い分かち合いを促す。

あなたの仕事

あなたの人生で、もっと深くつながりたい人を選んでください。次の会話でアクティブ・リスニングを実践し、それがどのようにやりとりを変えたかを振り返ってみましょう。

4.エモーショナル・インテリジェンスでコンフリクトに対処する

どのような人間関係においても衝突は避けられませんが、その対処の仕方によって絆が強まるか弱まるかが決まります。EQ は、非難ではなく解決に焦点を当てて対立にアプローチするのに役立ちます。

EQ を使って対立を解決するステップ：

　冷静さを保つ：感情が高ぶったら、一呼吸置いたり、一時的に離れたりして、自己調節の練習をする。

　個人ではなく問題に集中する：個人攻撃は避け、問題の解決に集中する。

Win-Win の解決策を模索する：可能な限り、双方のニーズを満たす結果を目指す。

謝り、許す：信頼を回復するために、自分の過ちを認め、恨みを捨てましょう。

あなたの仕事

最近の衝突について考えてみましょう。このステップをどのように適用すれば、より建設的に対処できたかを書き出してください。

5.コミュニケーション能力の強化

効果的なコミュニケーションは、健全な人間関係のバックボーンです。EQは、他者を理解しながら、自分自身を明確に表現するためのツールを備えています。

効果的なコミュニケーションのためのヒント：

透明性を実践する：自分の考えや感情を正直に、しかし丁重に共有する。

非言語的な合図を使う：身振り手振りを交え、アイコンタクトをとりながら、積極的な姿勢を示す。

思い込みを避ける：結論を急ぐのではなく、誤解を解く。

タイミングが重要：デリケートな話題について話し合うには、両者が落ち着いて受け入れているタイミングを選ぶ。

あなたの仕事

重要な人間関係の中で、繰り返し起こるコミュニケーションの問題を１つ特定する。以下のヒントを参考に、その問題にどのように対処するかを計画し、実践してください。

6.境界線の設定と尊重

健全な境界線は、相互尊重と理解を保証することによって人間関係を守ります。健全な境界線は、信頼関係を育みながら、自分のエネルギーと感情を管理するのに役立ちます。

境界線の設定方法

　自分の限界を明確にする：何が心地よく、何が一線を越えているかを明確にする。

　毅然と、しかし優しく伝える：「夕方には充電するために静かな時間が必要なんだ」というような表現を使う。

　他人の境界線を尊重する：相手が自分の限界として表現していることに耳を傾け、尊重する。

あなたの仕事

人間関係で築きたい境界線をひとつ書き出す。それをどのように尊重し、主張する方法で伝えるかを練習する。

7.一貫性を通して信頼を築く

信頼は、信頼性と配慮を示す一貫した行動によって獲得される。それはあらゆる強固な関係の礎となるものです。

信頼の築き方

　約束を守る：やると言ったことは実行する。

正直であること：たとえ真実が難しいことであっても、正直であることは尊敬を育む。

支えになる：頼まれなくても励ましや援助をする。

あなたの仕事

人間関係において、あなたがより一貫性を示すことができる方法を１つ特定する。今週、それを実行する計画を立てましょう。

8.人間関係のダメージの認識と修復

人間関係に完璧はなく、過ちは起こるものだ。重要なのは、問題に迅速に対処し、生じた損害を修復することである。

ダメージを修復するためのステップ

問題を認める：問題における自分の役割に責任を持つ。

本物の謝罪をする：自分の行動を正当化することなく、反省の意を表明する。

償いをする：信頼を回復するために何ができるかを尋ね、それを実行する。

あなたの仕事

こじれた関係を思い浮かべてください。たとえ送らないとしても、謝罪の手紙を書いて、心から反省していることを表現し、修復のための手順を説明する練習をしましょう。

9.人間関係における EQ の利点

EQ を通じて人間関係を強化すると、次のような経験ができる：

深いつながり：共感と理解が有意義な絆を育む。

ストレスの軽減：健全な人間関係は、困難な時期に精神的な支えとなる。

紛争解決の改善：意見の相違が建設的に解決され、緊張が緩和される。

相互成長：強固な人間関係は、個人と共有の成長を促し、支援する。

あなたの仕事

EQを高めたことで改善した人間関係を１つ振り返ってください。今までと違うことをし、それが人間関係にどのような影響を与えたかを書き出してください。

最終的な感想

感情的知性を通じて人間関係を強化することは、自己成長において最もやりがいのあることのひとつです。共感を実践し、コミュニケーションを改善し、対立を思慮深く管理することで、人生を豊かにするつながりをつくり、悪い習慣を覆す旅をサポートすることができる。

次の章では、これまでの進歩を維持し、これらの変化をあなたのライフスタイルの永続的な一部とする方法を探ります。有意義で充実した人間関係で満たされた人生を築くために！

第 13 章
成功のための習慣の積み重ね

第 13 章へようこそ！この章では、永続的な変化を生み出すための最も効果的なテクニックのひとつ、「習慣の積み重ね」について探っていく。習慣の積み重ねとは、新しい習慣を既存の習慣と結び つけることによって構築する戦略である。一度に人生を大改革しようとするのではなく、すでに毎日行っている習慣に、実行可能な小さなステップをくっつけていくのです。

この方法は、勢いと一貫性の力を活用することで、ポジティブな習慣を人生に簡単に取り入れることができる。この章が終わるころには、健康、富、感情的知性におけるあなたの目標をサポートする習慣の積み重ねをデザインし、実行する方法を知っていることだろう。

1.習慣スタッキングとは何か？

習慣の積み重ねは、ジェームス・クリアが『Atomic Habits』で広めたもので、行動心理学の科学に基づいている。その前提は単純で、新しい習慣を既存の習慣に固定することで、自然に連鎖する行動を生み出すというものだ。

なぜうまくいくのか：

既存のルーチンを活用：ゼロからのスタートではない。

決断疲れを軽減：習慣を構築するプロセスを自動化する。

勢いを生み出す：小さな勝利が、時間の経過とともに大きな成果に結びつく。

例

既存の習慣：朝の歯磨き。

新しい習慣歯磨きの最中や直後に、感謝していることを１つ挙げて、感謝の気持ちを実践する。

あなたの仕事

あなたがすでに毎日行っている習慣を１つ思い浮かべてください。それに付随できる簡単で有益な習慣をブレインストーミングで考えてみましょう。

2.習慣スタックをデザインする

習慣の積み重ねの成功は、思慮深い計画にある。効果的な習慣スタックの作り方を紹介しよう：

ステップ１：アンカーの習慣を特定する

例えば、すでに一貫して行っている習慣を挙げることから始めよう：

コーヒーを入れる。

シャワーを浴びる。

家を出るときはドアに鍵をかける。

メールをチェックする

ステップ２：シンプルな新習慣を選ぶ

目標に沿った、達成可能な小さな習慣を選ぶ。例えば、以下のようなものがある：

起床後にコップ１杯の水を飲む（健康）。

昼食後に予算を見直す（富）。

メールに返信する前に深呼吸を３回する（感情の調整）。

ステップ３：習慣スタック式を書く

この書式を使おう：「既存の習慣]の後、[新しい習慣]をする。

例「朝のコーヒーを淹れた後、毎日の ToDo リストを見直す。

ステップ４：テストと調整

まずは小さく始めて、自分に合ったものをベースにスタックを改良していこう。

あなたの仕事

今週試すべき習慣の積み重ねを１つ書き出す。

３.健康のための習慣の積み重ね

健康的なライフスタイルを作るのに、無理をする必要はない。習慣の積み重ねで、食事、運動、セルフケアの習慣を改善しましょう。

例を挙げよう：

栄養：食事を終えたら、食べたものを食事日誌に記録する。

エクササイズ夜、歯を磨いた後、腕立て伏せを 10 回する。

セルフケア：朝食をとった後、2 分間瞑想する。

あなたの仕事

健康に関する目標を１つ選ぶ。それを支える習慣の積み重ねを書き、これから１週間、毎日実践することを約束する。

4.富のための習慣の積み重ね

経済的規律と富を築くには、一貫性が必要です。習慣の積み重ねは、貯蓄、予算管理、情報に基づいた意思決定を促進するルーチンを確立するのに役立つ。

例を挙げよう：

予算を立てる：メールをチェックした後、銀行口座の残高を確認する。

お金を貯める給料をもらったら、10％を貯蓄口座に振り込む。

学ぶ：夕食を食べ終わったら、パーソナル・ファイナンスに関する記事を１本読む。

あなたの仕事

身につけたい経済習慣を特定する。それを既存の日課に固定する習慣スタックを作る。

5.エモーショナル・インテリジェンスのための習慣の積み重ね

感情的知性を向上させるには、マインドフルネス、共感、効果的なコミュニケーションなどの実践が必要です。習慣の積み重ねは、これらの実践を１日にシームレスに取り入れるのに役立ちます。

例を挙げよう：

　マインドフルネス：車のエンジンをかけたら、運転前に深呼吸を３回する。

　共感する：会話を終えた後、相手が何を感じていたかを考える。

　感謝：日記を開いたら、感謝していることをひとつ書く。

あなたの仕事

強化したい感情的知性の側面を選ぶ。定期的な練習を促す習慣の積み重ねを書く。

6.よくある課題のトラブルシューティング

どんなに良いつもりでも、習慣の積み重ねは障害にぶつかることがある。それを克服する方法を紹介しよう：

チャレンジ１：新しい習慣を忘れる

　解決策付箋や電話のアラームなど、視覚的なリマインダーを使って、習慣が自動的に身につくまで促す。

チャレンジ２：ルーティンの過負荷

　解決策小さな習慣を１つずつ積み重ねることから始めよう。圧倒されないように少しずつ積み重ねる。

チャレンジ３：モチベーションの低下

解決策小さな成功を祝い、その習慣が支えている大きな目標を思い出す。

あなたの仕事

以前に習慣の積み重ねを試して苦戦したことがあるなら、直面した課題を特定し、それに対処するための計画を書き出してみよう。

7.習慣スタックを拡大する

いくつかの小さなスタックをマスターしたら、それをより大きなルーティンに拡張することができる。例えば

朝の日課：

目が覚めたら、コップ１杯の水を飲む。

水を飲んだら、その日のトップ３の目標を書き出す。

目標を書いたら、５分間ストレッチをする。

夜の日課：

歯を磨いた後、その日の成果を振り返る。

自分の成果を確認した後、翌日の服装を準備する。

服装を整えたら、本を１０ページ読む。

あなたの仕事

習慣の積み重ねを使って、シンプルな朝晩の習慣をデザインする。2-3個の習慣から始め、徐々に広げていく。

8.習慣スタッキングの長期的メリット

習慣の積み重ねは、成功が自動的に起こるような人生を作るのに役立つ。肯定的な習慣を既存のルーチンに結びつけることで、あなたはこうなる：

　時間を節約：構造化されたルーチンを構築することで、意思決定を減らす。

　一貫性を保つ：日々の小さな行動が、長期的には大きな成果につながる。

　目標を達成する：健康、富、自己成長の目標と習慣を一致させる。

最終的な感想

習慣の積み重ねは単なる生産性向上ハックではない。新しい習慣を既存のルーチンに定着させることで、人生のあらゆる領域にポジティブな変化の波及効果を生み出すことができる。

次の章では、すべてをまとめて、あなたが築き上げた習慣が永続的な変革につながるよう、進歩を持続させる方法について説明します。あと少しです！

第 14 章
説明責任の役割

アカウンタビリティは、あなたの成功を左右する目に見えない力です。コミットメントを育み、レジリエンスを高め、モチベーションが下がっても前進し続けられるようなサポート体制を作ることだ。

この章では、アカウンタビリティがどのように機能するのか、なぜ悪い習慣を元に戻すためにアカウンタビリティが不可欠なのか、そしてそれをどのようにあなたの旅に取り入れることができるのかを探っていく。この章が終わる頃には、目標達成のための説明責任システムを構築するためのツールが身についていることでしょう。

1.説明責任とは何か？

アカウンタビリティの核心は、自分の行動と進歩に責任を持つことである。継続的な改善に努めながら、成功と挫折の両方を認めることである。

説明責任の重要な側面：

責任：自分の決断とその結果に責任を持つ。

透明性：自分の努力や課題に対して正直であること。

サポート人間関係やシステムを活用し、目標との整合性を保つ。

あなたの仕事

誰かや何かがあなたに責任を負わせたために、あなたが成功したときを振り返ってください。何が功を奏し、どのようにやる気を起こさせたかを書き出す。

2.説明責任が重要な理由

説明責任がなければ、言い訳や気晴らし、規律の欠如によって、あなたの進歩が頓挫してしまいがちです。アカウンタビリティが重要な理由はここにある：

コミットメントを高める：自分の目標に気づいてくれる人がいると、その目標を達成しやすくなる。

視点を提供する：他人は、あなたが盲点や改善すべき点を見つけるのを助けてくれる。

一貫性を築く：定期的なチェックインが勢いを生み、意図を習慣に変える。

回復力を促す：アカウンタビリティ・パートナーやシステムは、困難な時期にもがんばるモチベーションを与えてくれる。

あなたの仕事

説明責任の欠如があなたの進歩を妨げた分野を１つ書き出してください。説明責任のシステムを持つことが、どのように役立ったかを明らかにする。

3.説明責任システムの種類

説明責任にはさまざまな形がある。自分の性格や目標に合ったものを選びましょう：

a.自己説明責任：

日記、習慣トラッカー、アプリなどのツールを使って、自分の進歩を追跡する。

例完了した習慣やタスクを記録するために、毎日の手帳を使う。

ヒントうまくいったこと、調整が必要なことを毎週振り返る。

b.ピア・アカウンタビリティ：

友人、同僚、家族とパートナーを組み、目標と進捗状況を共有する。

例週１回、友人とフィットネスの目標について話し合う。

ヒント信頼でき、心強い人を選ぶ。

c.グループの説明責任：

フィットネスクラスやマスターマインド・グループなど、目的を共有するグループに参加する。

例進捗状況や課題を共有するオンラインフォーラムに参加する。

ヒント：グループを最大限に活用するために、積極的に参加すること。

d.専門家としての説明責任：

コーチ、メンター、セラピストを雇い、あなたを指導しサポートする。

例ファイナンシャル・アドバイザーと協力して予算を立て、それを守る。

ヒントプロフェッショナルがあなたの価値観や目標に合致していることを確認する。

あなたの仕事

どのタイプのアカウンタビリティがあなたの心に最も響くかを確認する。今週、それを生活に取り入れる方法を１つ書き出してみましょう。

4.説明責任を日常生活に組み込む

アカウンタビリティを効果的にするためには、それを日課に組み込む必要がある。その方法を紹介しよう：

a.明確な目標を設定する：

説明責任は、自分が何を目指しているかを知ることから始まる。具体的で測定可能な成果を目標に定めましょう。

例お金を貯めたい」ではなく、「これから３ヶ月間、毎週 100 ドル貯める」と言う。

b.チェックポイントを作る：

目標を小さなマイルストーンに分割し、定期的なチェックインを予定する。

例毎週日曜日に支出を見直し、予算内に収まっているか確認する。

c.説明責任ツールを使用する：

テクノロジーを活用して、計画通りに進めましょう。アプリ、リマインダー、デジタルトラッカーが役立つ。

例フィットネス・アプリを使って、ワークアウトを記録し、進捗状況をモニターする。

d.勝利を祝う：

モチベーションを維持するために、進歩を認め、報酬を与える。

例重要な節目を迎えたら、自分へのご褒美として何か楽しいことをする。

あなたの仕事

目標を１つ選び、進捗を測るためのチェックポイントを３つ書き出す。それぞれ達成したら、自分にどのようにご褒美をあげるかを決める。

5.健康における説明責任

不健康な習慣を改めるには、説明責任はかけがえのないものだ。やる気を維持し、逆戻りを防ぐことができる。

健康説明責任のための戦略：

あなたの進歩を追跡します：トレーニング、食事、体重の変化を毎日記録。

パートナーを組む：友人と一緒に運動したり、フィットネスグループに参加する。

プロのサポートを利用する：パーソナルトレーナーや栄養士に指導を依頼する。

あなたの仕事

健康上の目標を１つ設定する（例：週に３回運動する）。それを達成するために、どのように自分に責任を持たせるかを書き出す。

6.富における説明責任

財政規律は説明責任によって成長する。支出、貯蓄、計画について正直であり続けることができる。

財務説明責任のための戦略：

予算を立てる：信頼できる友人やアドバイザーと共有する。

貯蓄の自動化：普通預金口座への自動振替を設定する。

毎月見直す：財務目標を定期的に見直す。

あなたの仕事

金銭的な習慣を一つ選ぶ（例：週に 50 ドル貯める）。それを維持するために、誰とどのように責任を持ち続けるかを決める。

7.情緒的成長における説明責任

エモーショナル・インテリジェンスの構築には、一貫した練習が必要であり、アカウンタビリティはそれをサポートすることができる。

EQ の説明責任のための戦略：

日記を書く：日々の交流について書き、感情をどのように処理したかを振り返る。

チェックインの練習：誰かとパートナーを組み、EQ の週間目標と振り返りを共有する。

フィードバックを求める：信頼できる人に、感情の管理方法について率直な意見を求める。

あなたの仕事

EQ の目標を１つ書く（例：緊迫した状況で反応する前に一度立ち止まる）。進捗状況をどのように把握し、誰がサポートしてくれるかを確認する。

8.説明責任への抵抗の克服

責任を問われることにためらいを感じるのは当然だ。ここでは、よくある障壁に対処する方法を紹介しよう：

障壁１：審判への恐れ

解決策あなたの責任をサポートしてくれる、偏見のない人や道具を選ぶ。

障壁２：責任の回避

解決策目標をより小さく、管理しやすいステップに分割することで、進捗が達成可能に感じられるようにする。

障壁３：一貫性の欠如

解決策定期的なチェックインを予定し、リマインダーを設定する。

あなたの仕事

説明責任を果たす上で直面する障壁を１つ特定し、それをどのように克服するかを書き出す。

9.説明責任の長期的メリット

アカウンタビリティは、短期的な目標を達成するためだけのツールではありません。一貫したアカウンタビリティがあれば、次のことができる：

より大きな自己規律を身につける。

自分自身と他人に対する信頼を築く。

より効率的に目標を達成する。

自分を成長させてくれるサポートシステムを作る。

最終的な感想

説明責任は、意図を行動に変え、願望を達成に変える。健康、富、感情的知性においてアカウンタビリティを受け入れることで、悪い習慣を改め、目標を達成するために必要な規律とサポートを築くことができます。

次の章では、すべてを結びつけ、これまでの進歩を維持するための戦略について説明します。あなたはゴールに近づいているのです！

第 15 章
マイルストーンを祝う

悪い習慣を直すために努力してきたのですから、その一歩一歩が評価に値します。節目を祝うことは、単に自分を褒めることではなく、前向きな行動を強化し、モチベーションを長期にわたって維持するための重要な要素なのです。

この章では、進歩を認めることの重要性、マイルストーンの定義、そしてそれを祝う最善の方法について説明する。この章を終える頃には、成功を持続させるための強力なツールとして、お祝いの言葉をどのように活用すればよいかがわかるだろう。

1.なぜマイルストーンを祝うことが重要なのか

節目を祝うことは自己満足ではなく、戦略的なことだ。それは戦略的なものであり、あなたの意欲を維持し、進歩を強化し、あなたの努力に肯定的な感情的つながりを生み出す。

節目を祝うことの利点：

勢いをつける：小さな成功を認識することで、より大きな課題に取り組むモチベーションを保つことができる。

習慣を強化する：ご褒美はポジティブな強化材料となり、新しい習慣を定着させる。

自信を高める：お祝いをすることで、これまでの道のりを思い出し、自己信頼感が高まる。

燃え尽きを防ぐ：お祝いの時間を取ることで、ストレスを軽減し、楽しい旅を続けることができる。

あなたの仕事

大小にかかわらず、最近達成したことを振り返ってください。それをどのように認めましたか？もしそうでなかったなら、どうすれば有意義に祝うことができたかを考えてみてください。

2.マイルストーンの定義

すべてのマイルストーンが記念碑的である必要はない。あなたの旅を管理しやすいセグメントに分割し、すべての段階で進歩を祝う。

マイルストーンの種類

　マイクロ・マイルストーン：小さな、毎日または毎週の勝利（例えば、1 週間予算を守る）。

　中程度のマイルストーン：重要な進捗ポイント（例：5 ポンド痩せる、1,000 ドル節約する）。

　大きなマイルストーン：長期目標の達成（例：借金の返済、マラソンの完走）。

マイルストーンの見極め方

　目標に沿う：健康、富、または EQ の目標に向けた進捗を反映するマイルストーンを選びましょう。

　具体的に：明確で測定可能な目標を定める。

　現実的なものにする：マイルストーンはチャレンジングだが達成可能なものにする。

例

あなたの目標が 20 ポンドの減量であれば、マイルストーンは次のようになる：

最初の 5 ポンド（マイクロ）を失う。

減量 10 ポンド達成（中）。

20 ポンドの大台に乗った（メジャー）。

あなたの仕事

長期的な目標を 1 つと、その達成に向けた進捗状況を示すマイルストーンを 3 つ書き出す。

3.意味のある報酬を選ぶ

お祝いは、個人的でやりがいのあるものでなければならないが、あなたの進歩を妨げるものであってはならない。あなたの価値観に沿い、前向きな習慣を強化するようなご褒美を選びましょう。

カテゴリー別の報酬アイデア

健康だ：

新しいワークアウト用具を買う。

自分へのご褒美にマッサージを。

新しいヘルシーなレシピに挑戦してみよう。

富：

罪悪感のないささやかな贅沢をする（好きな食事や本など）。

自分が楽しめる体験のために「お楽しみ金」を確保する。

あなたの財務目標をサポートするコースやツールに投資しましょう。

エモーショナル・インテリジェンス：

日記を書いたり、自然の中でくつろいだりして、セルフケアをする日を作る。

あなたの成長を支えてくれた友人とお祝いをしましょう。

自分へのご褒美として、好きな趣味の時間を持つ。

あなたの仕事

あなたが目指しているマイルストーンを１つ選びましょう。あなたの進歩に沿った、意味のあるご褒美を書き出す。

4.妨害せずに祝う

お祝いの席では、これまでの成果を台無しにしないことが大切です。例えば、健康的な食事に励んできたのなら、「チート・ミール」が１週間の食べ過ぎにならないようにしましょう。

バランスのとれたお祝いのためのヒント：

ご褒美はほどほどに：目標を損なうことなく、喜びをもたらす報酬を選ぶ。

完璧ではなく、進歩を祝う：たとえ道のりが完璧でなかったとしても、自分の努力に目を向けよう。

創造的であれ：愛する人と過ごしたり、新しい体験をしたりするなど、物質的でないお祝いの方法を探しましょう。

例

ジャンクフードを食べて減量を祝うのではなく、新しいランニングシューズや楽しい野外活動で自分にご褒美をあげよう。

あなたの仕事

お祝いが後戻りにつながったときを思い浮かべてください。勢いを維持するために、どのようなお祝いの仕方をすればよかったでしょうか？

5.勝利を分かち合う

お祝いは、他の人と分かち合うことで、さらに意義深いものになる。それが親しい友人であれ、家族であれ、説明責任を果たしてくれるパートナーであれ、他人を巻き込むことで喜びとやる気が増幅する。

共有する方法

ソーシャルメディア進捗状況を投稿し、他の人に刺激を与える。

説明責任グループ：チェックイン時にマイルストーンを共有する。

一緒に祝う：あなたを支えてくれた人を招待して、お祝いに参加してもらいましょう。

あなたの仕事

次のマイルストーンを一緒に分かち合いたい人を１人選びましょう。その人をどのようにお祝いに加えるかを書き出しましょう。

6.旅を振り返る

節目を祝うことは、自分が何を学び、どう成長したかを振り返る機会でもある。この機会に、あなたの回復力、適応力、献身を認めてください。

内省のための質問：

　このマイルストーンに到達するために、私はどのような困難を乗り越えたのだろうか？

　どんな戦略がうまくいき、何を改善すればいいのか。

　このマイルストーンを達成することで、長期的な目標にどのように近づけるのか？

あなたの仕事

次のマイルストーンに到達したら、10 分間、これまでの道のりについて日記を書きましょう。

7.祝賀の波及効果

お祝いをすることで、人生の他の領域にも影響を与えるポジティブな勢いが生まれます。ある領域（例：健康）の進歩を認めることで、別の領域（例：富や EQ）でもっと頑張ろうという気持ちになることができる。

波及効果の例：

　フィットネスの目標を達成して自信を持てば、経済的な課題に取り組む意欲が湧いてくるかもしれない。

　パートナーとのコミュニケーション改善を祝うことで、自己成長へのコミットメントを強めることができる。

あなたの仕事

最近の勝利を１つ書き出し、それがあなたの人生の別の分野にどのようなプラスの影響を与えたかを明らかにする。

8.お祝いの習慣を作る

健康、富、EQ のための習慣を身につけるのと同じように、進歩を祝う習慣を身につけることができる。

お祝いを習慣化するためのステップ

　前もって計画を立てる：事前に特定のマイルストーンに報酬を割り当てる。

　進捗状況を記録する：日記や記録帳を使って、マイルストーンを達成したときに記録する。

　お祝いの予定を立てる：お祝いの席は、逃さない約束のようなもの。

あなたの仕事

現在の目標とマイルストーンを見直す。次の勝利を祝う具体的な時間を決めましょう。

9.祝賀の長期的パワー

お祝いは単なるご褒美ではなく、成功につながる考え方や行動を強化するものです。一貫してお祝いすることで、以下のことが可能になります：

挑戦を通してモチベーションを維持する。

目標とのつながりを深める。

努力と前進を重んじる人生を築く。

最終的な感想

節目を祝うことは、あなたの旅の原動力となる。有意義な方法で進歩を認めることで、勢いを持続させるだけでなく、悪い習慣を元に戻すプロセスを楽しく充実したものにすることができる。

一歩一歩、それがどんなに小さな一歩であっても、祝福に値するものであることを忘れないでください。次回の最終章では、築き上げた成功を維持し、生涯成長するためのロードマップを作ることに焦点を当てます。もうすぐゴールです！

結論
新しい現実

この旅が終わるころには、習慣を変え、ひいては人生を変えるためのツールを学んでいることだろう。しかし、これは始まりに過ぎない。悪い習慣を元に戻し、新しい、力を与える習慣に置き換えるプロセスは進行中である。実際、本当の仕事は今から始まるのだ。あなたが学んだことは、一貫した成長、自己修練、充実感のある人生を創造するのに役立つ。この新しい現実は、遠い夢ではなく、今すぐ踏み出せる現実なのだ。

1.習慣はあなたの新しい現実の基盤である

これまであなたが採用してきた習慣は、明白なものから微妙なものまで、あなたの人生を形作ってきた。それらは、あなたの健康、富、人間関係、感情的な幸福を決定してきた。これらの習慣を変えることで、人生の個々の側面を改善するだけでなく、未来を築く土台全体を作り直すことになる。

あなたの新しい現実はこうなる：

健康は目標ではなく、習慣になる。無理に健康的な選択をする必要はなく、自然と日課に組み込まれるようになる。

富は、運や散発的な努力に頼るのではなく、体系的に管理され、蓄積される。十分な情報を得た上で財務上の決断を下し、意図的に貯蓄を行い、長期的に富を増やしていくためのツールを手に入れることができる。

エモーショナル・インテリジェンスは人間関係を導き、他者とのより深いつながりと、より強い自己意識へと導きます。優しさ、共感力、回復力をもって人生の難局を乗り切ることができるようになります。

旅を続けるにあたり、習慣は複合的に作用することを忘れないでほしい。小さな一貫した行動が、大きな変化につながる。これが習慣の力なのだ。

リフレクション・タスク

あなたの人生を変える可能性が最も高い、重要な習慣を１つ書き出しま しょう。それがあなたの将来の現実にどのような影響を与えるかを書いてください。

２.一貫性の力

本書で学んだ最も重要な教訓のひとつは、変化は意志の力による突然の爆発ではなく、一貫した行動によって起こるということだ。習慣を変えるのは、ゆっくり、じっくりとしたプロセスであり、すぐに結果が出るとは限らない。しかし、一貫性を保つことで、勢いが増し、最終的には、あなたがこれまで懸命に確立してきた行動を、ごく自然に行えるようになるのだ。

古いパターンに逆戻りする誘惑もあるだろうが、培った一貫性は、あなたを軌道に乗せる強力な力となる。新しい習慣に打ち込むことで、その習慣が定着し、より簡単で自動的なものになっていくのがわかるだろう。

成功への鍵

　完璧を目指さず、進歩に集中する。もし失敗しても、自己判断せずに軌道修正すればいい。

　どんなに小さくても、すべての勝利を祝おう。前向きな変化の一つひとつが、次の前進を後押しする。

進捗状況を記録し、自分がどこまで上達したかを確認しましょう。そうすることで自信がつき、モチベーションを維持しやすくなります。

3.挫折を成長の機会として受け入れる

変革は直線的なものではなく、挫折は避けられないプロセスの一部である。重要なのは、挫折を失敗と捉えるのではなく、成長と学習の機会と捉えることである。

例えば、昔の食習慣に戻ったり、使いすぎたりしても、それをあきらめる言い訳にしてはいけません。その代わり、挫折をきっかけに、何がその行動の引き金になったのかを確認し、自分の戦略を見直し、より強くなるために利用しよう。挫折は反省の瞬間であり、そこで自分のアプローチを調整し、決意を新たにすることができる。

挫折にどう対処するか

きっかけを見直す：どのような状況や感情をきっかけに、つい口が滑ってしまったのか。次回はどのように対処しますか？

セルフ・コンパッションを実践する：変化は難しいものだと理解し、物事が計画通りに進まないときは自分に優しくする。

素早く立て直せ：たった一度の失敗で前進を頓挫させるのではなく、すぐに軌道修正し、決意を持って前進する。

アクション・ステップ

最近経験した挫折について考えてみてください。これを学習と成長の機会としてとらえ直すにはどうしたらいいでしょうか？

4.継続的な成長と自己改善

悪い習慣を直す作業に、本当の終わりはない。人生は常に進化しており、成長し続ければ、新たな挑戦や機会、適応を必要とする人生の局面に遭遇する。あなたの習慣はあなたとともに進化し、永続的な成功の鍵は、継続的な成長のマインドセットを維持することである。

成長し続ける方法

　学び続ける：本や講座、個人的な経験などを通じてであれ、知識を求め続け、習慣を磨き続ける。

　新たな目標を設定する：一つの節目を達成したら、次の節目を設定し、自分をプッシュし続ける。

　定期的に振り返る：毎月または四半期ごとに、自分の習慣、目標、全体的な進歩について振り返る時間を設ける。

自己成長に投資すればするほど、あなたの習慣はより強力になる。習慣は、常に進化し続ける「なりたい自分」のビジョンをサポートするシステムとなる。

5.他者への影響

自分が変われば、他人との関係も変わる。あなたが経験するポジティブな変化は、自然に外へと波及し、あなたの周りの人々に影響を与えます。より良い習慣を体現することで、あなたは可能性の見本となり、周囲の人たちに自分も変化を起こそうという気にさせるのだ。

感情的知性、経済的規律、身体的健康を強化することで、あなたはより良いパートナー、親、友人、同僚になります。あなたが生み出すポジティブなエネルギーは伝染し、より深く充実した人間関係や、より協力的な社会ネットワークへとつながっていく。

アクション・ステップ

あなたの変身によって人生にポジティブな影響を与えられそうな人を一人思い浮かべてください。その人たちとあなたの旅を分かち合ったり、その人たちの成長をサポートしたりするにはどうしたらいいでしょうか？

6.ビジョンに沿った生き方

新しい現実を受け入れるとき、あなたの習慣が常に長期的なビジョンと一致していることを確認してください。あなたの習慣は、あなたがなりたい自分、あなたが創り出したい人生を反映したものでなければならない。

あなたのビジョンが健康で強くあることなら、あなたの習慣は定期的な身体活動とバランスのとれた栄養をサポートするものでなければならない。経済的な自立をビジョンに掲げるなら、貯蓄、投資、予算管理などを習慣にすべきです。あなたのビジョンが感情的に聡明になることなら、あなたの習慣は自己反省、共感、マインドフルネスをサポートすべきです。

いかにして足並みを揃えるか：

定期的にビジョンを見直す：常に頭の片隅に置いておくことで、自分の習慣をその方向へと導くことができる。

必要に応じて調整する：人生は変化する。自分の行動が最終的な目標と一致しているかどうかを定期的に見直そう。

7.あなたの新しい現実が今始まる

あなたは悪い習慣を改め、人生を肯定できる新しい日常生活を確立する第一歩を踏み出しました。あなたが学んだツールと戦略は、あなたが成功し続けるためのロードマップとなるでしょう。

しかし、"完璧な "瞬間を待つ必要はない。今日から始めよう。今すぐ始める小さな行動が、やがて大きな成果につながる。毎日が、あなたの新しい現実を形作る新しい習慣を強化する機会なのだ。

最後の励まし：

あなたには変身する力がある。変わる力はあなたの中にあり、今、あなたはそのための知識とツールを手にしている。ビジョンを明確にし、行動を一貫させ、マインドセットをオープンに保ちましょう。新しい現実があなたを待っている。

実現させよう

用語集

アカウンタビリティ・パートナー

あなたの目標や習慣を軌道に乗せるために、サポート、励まし、率直なフィードバックを提供する信頼できる個人。

自動性

ある行動が、意識的な努力なしに自動的に起こるほど定着した状態。

悪い習慣

身体的、感情的、または経済的な幸福に悪影響を与える行動を繰り返し、多くの場合、目先の満足感によって引き起こされる。

行動トリガー

肯定的であれ否定的であれ、習慣的な行動を開始させる出来事、感情、合図。

複合効果

小さな一貫した行動を長期にわたって繰り返すことで、大きな成果が生まれるという原則。

キュー

時間帯、場所、感情など、習慣的行動を促す外的または内的誘因。

ディレイド・グレイティフィケーション

より大きな報酬やより意味のある報酬を後回しにするために、目先の報酬を我慢する能力。

規律

その瞬間は難しく感じても、長期的な目標に沿った行動を一貫して選択する練習。

エモーショナル・インテリジェンス（**EQ**）

自分自身の感情を認識し、理解し、管理すると同時に、他人の感情に共感し、影響を与える能力。

フィードバック・ループ

自分の行動の結果が、将来その行動を強化したり、抑制したりする情報となるサイクル。

財務規律

予算を立て、貯蓄し、衝動的な支出を避けることによって、責任を持ってお金を管理すること。

ハビット・ループ

習慣的行動を促す３つのサイクルで、合図、ルーチン、報酬で構成される。

習慣の積み重ね

新しい習慣を既存の習慣と結びつけることで、その習慣を確立・維持しやすくする習慣。

即時の満足

快楽や充足感を即座に得たいという欲求で、しばしば長期的な目標を犠牲にする。

内発的モチベーション

外的な報酬のためではなく、自分の価値観や情熱に合致しているからこそ、何かを成し遂げようとする個人的な原動力。

キーストーンの習慣

ひとつの習慣が波及効果をもたらし、人生の他の分野にポジティブな影響を与える。

マインドフルネス

現在に存在し、その瞬間に完全に関与する練習で、無意識の習慣を特定し、変えるのに役立つ。

神経可塑性

脳の新しい結合や経路を形成する能力によって、行動や習慣の変化が可能になる。

過矯正

悪い習慣を元に戻すために極端な、あるいは持続不可能な変化を起こすことで、しばしば燃え尽き症候群や失敗につながる。

ポジティブな強化

望ましい行動に報酬を与え、その繰り返しを促す。

反応行動

ある状況に対して、間髪を入れず、結果を考慮することなく、自動的に感情的に反応すること。

リフレーミング

状況の捉え方を変えることで、多くの場合、課題を成長の機会に変える。

交換の習慣

ネガティブな習慣の代わりに意図的に取り入れたポジティブな習慣。

報酬

習慣を強化し、その繰り返しを促す利益や安心感。

自己認識

自分の思考、感情、行動を認識し理解する能力であり、習慣を変えるために不可欠である。

セットバック

一時的な進捗の遅れは、戦略を見直し、調整する機会となる。

SMART ゴール

具体的で、測定可能で、達成可能で、関連性があり、期限付きであることを確実にする目標設定の枠組み。

サンクコストの誤謬

過去に時間、お金、エネルギーを費やした行動を、たとえそれが自分のためにならなくなっても続ける傾向があること。

視覚化

目標やその達成プロセスを精神的にイメージすることで、モチベーションを高め、明確にする練習。

意志の力

短期的な誘惑に負けず、長期的な目標に集中する能力で、しばしば補充が必要な有限の資源とみなされる。

不快のゾーン

習慣的な考え方や行動に挑戦することで、成長や変化が起こる精神的または感情的な状態。

この用語集は、悪習慣を逆転させ、永続的な変容を生み出すための旅を通して、重要な概念や用語を明確にするのに役立つ。

最後に、この本を楽しんでいただけたなら、ぜひ感想を聞かせてください。とても助かります！

ありがとう、

ブライアン・マホーニー

www.ingramcontent.com/pod-product-compliance
Lightning Source LLC
LaVergne TN
LVHW012023060526
838201LV00061B/4430
* 9 7 9 8 3 3 0 6 9 7 7 5 5 *